新时代高校图书馆社会化服务与创新

云玉芹◎著

吉林人民出版社

图书在版编目 (CIP) 数据

新时代高校图书馆社会化服务与创新 / 云玉芹著
. — 长春：吉林人民出版社，2021.6
ISBN 978-7-206-18138-2

Ⅰ.①新… Ⅱ.①云… Ⅲ.①院校图书馆 – 图书馆服
务 – 社会化 – 研究 Ⅳ.① G258.6

中国版本图书馆 CIP 数据核字 (2021) 第 108198 号

新时代高校图书馆社会化服务与创新
XIN SHIDAI GAOXIAO TUSHUGUAN SHEHUIHUA FUWU YU CHUANGXIN

著　　者：云玉芹
责任编辑：赵梁爽　　　　　　　封面设计：袁丽静
吉林人民出版社出版 发行（长春市人民大街 7548 号）　邮政编码：130022
印　　刷：三河市华晨印务有限公司
开　　本：710mm × 1000mm　　1/16
印　　张：12.5　　　　　　　　字　　数：220 千字
标准书号：ISBN 978-7-206-18138-2
版　　次：2021 年 6 月第 1 版　　印　　次：2021 年 6 月第 1 次印刷
定　　价：65.00 元

前　言

　　高校图书馆作为社会基础性公共文化机构，在提高国民素质和传播科学文化知识等方面具有社会其他机构不能替代的作用。随着信息化社会的到来，高等教育面向全球化发展的需求，使高校图书馆在为用户服务的目标和功能拓展上面临着挑战和转型。高校图书馆只为本校教学和科研服务的观点在学习型社会已经明显落伍，应该进一步构建更为系统化、多样化的服务体系框架。

　　自 20 世纪 90 年代以来，图书馆界对高校图书馆社会化服务进行了广泛而深入的研究，涌现出了许多卓越的理论成果，同时，我国高校图书馆社会化服务活动也开展得如火如荼。特别是随着现代信息技术和网络技术的发展，各种新型服务形式不断地被运用到高校图书馆的运营模式当中。随着信息化进程的不断加快和国家对全民素质教育的高度重视，高校图书馆面向社会开放，为大众提供社会化服务已成为必然趋势。党的十九大报告强调"文化兴则国运兴，文化强则民族强"，一个国家文化的繁荣兴盛，决定了这个国家、这个民族的前途和命运。高校图书馆作为知识文化传承的重要基地，应当增强时代责任感，积极转变传统的服务理念，把传承优秀传统文化、提高国民素质、推动社会主义文化强国的发展作为自身义不容辞的责任，应理性地、有计划地、有目标地开展社会化服务。高校图书馆开展社会化服务，不仅是时代和社会发展的需求，也是自身可持续发展的需要，对国家文化强国战略的实施具有重大而深远的意义。

　　本书在写作过程中参考了众多专家学者的研究成果与文献资料，在此表示衷心的感谢。由于作者水平有限，书中难免存在一些不足，欢迎专家和广大读者不吝批评指正！衷心感谢聊城大学图书馆领导对本研究的大力支持，感谢聊城大学图书馆对本书出版的资助。

聊城大学图书馆　云玉芹

2021 年 5 月

目　录

第一章　高校图书馆简介 / 001

第一节　高校图书馆的产生与发展 / 002

第二节　高校图书馆的性质和职能 / 008

第三节　高校图书馆的服务内容及嬗变 / 012

第四节　网络环境下高校图书馆的信息安全 / 022

第二章　高校图书馆社会化服务是时代发展趋势 / 029

第一节　高校图书馆社会化服务的必要性及可行性 / 030

第二节　高校图书馆社会化服务的优势 / 034

第三节　高校图书馆社会化服务的重要意义 / 041

第三章　高校图书馆社会化服务概述 / 045

第一节　相关理论阐释 / 046

第二节　高校图书馆社会化服务的内涵 / 051

第三节　高校图书馆社会化服务的相关背景 / 054

第四节　高校图书馆社会化服务的根本依据 / 059

第五节　高校图书馆社会化服务的发展历程 / 062

第六节　高校图书馆社会化服务的基本要求 / 067

第七节　高校图书馆社会化服务的主要内容 / 070

第四章　高校图书馆社会化服务的模式 / 075

第一节　高校图书馆社会化服务过程中关系的处理 / 076

第二节　当前高校图书馆社会化服务的基本情况 / 084

第三节　高校图书馆社会化服务模式 / 087

第五章 高校图书馆社会化服务保障及评价机制 / 097

第一节 相关法律法规依据 / 098

第二节 高校图书馆社会化服务保障机制 / 105

第三节 高校图书馆社会化服务评价体系的构建 / 110

第六章 高校图书馆社会化服务的创新 / 117

第一节 公共文化服务理念下的高校图书馆自身建设 / 118

第二节 高校图书馆社会化服务原则的确立 / 122

第三节 高校图书馆社会化服务模式的创新 / 129

第四节 高校图书馆社会化服务发展新策略 / 148

第五节 高校图书馆社会化政策完善与能量提升 / 158

第六节 高校图书馆社会化服务的发展趋势 / 172

参考文献 / 188

第一章

高校图书馆简介

第一节　高校图书馆的产生与发展

一、图书馆简述

（一）图书馆的概念

所谓图书馆，指的是将参考、阅读或研究用的很多书籍收藏在一起的地方（出自《英国大百科全书》）。法国的《大拉鲁斯百科全书》对"图书馆"一词是这样解释的：收藏各种类别的、组织起来的图书资料，保存用各种不同文字写成的、用多种方式表达的人类思想资料即为图书馆的任务，这些资料可以用于学习、研究或一般情报。

在《情报学浅说》一书中，美国的 J. 贝克对图书馆作了以下定义：它是收集各种类型的情报资料，然后系统地加以整理，并根据需求提供使用的地方。

总结上述对图书馆的定义得出：以服务社会经济、政治为基础，利用、传播、收集、保管、整理图书情报资料的科研、教育、文化机构就是图书馆。

（二）图书馆的产生与发展

图书馆产生的前提条件是文字的产生与图书文献的出现。图书馆产生的根本原因是社会对保存图书文献的需求。图书馆产生的基本保障是社会生产力水平的提升。图书馆的产生在人类历史上有着重要的意义，它从"诞生"起就与人类的文明发展紧密地联系在一起。

公元 1905 年，即清光绪三十一年，我国就出现了"图书馆"这一名词。湖南图书馆是我国第一家以"图书馆"命名的省级公共图书馆。从此，藏书以供阅览的地方，基本上都被称为图书馆。府、堂、楼、台、观、阁、斋等是我国古代图书馆经常会使用的名字，而册府、书府、秘阁则是朝廷藏书处的称呼。在这些名字前面再加固定名称即可，如天禄阁等。

图书馆从出现到现在，大概经历了古代图书馆时期、近代图书馆时期和现代图书馆时期三个发展阶段，已有 3000 多年的发展历史。图书馆在每个时期都有其自身独有的特点。

1. 古代图书馆的特点

（1）图书馆仅供少数人使用，文献以藏为主，会对文献进行分类编目、版本考订。

（2）活字印刷、雕版印刷、直接书写等是主要记录形式。纸、锦帛、泥版、树皮、竹简、铁器、青铜器、甲骨、石头等为图书的主要载体。

（3）图书馆成为社会事业。这是因为随着社会文献量的增加，藏书点也随之增加。

2.近代图书馆的特点

（1）从封闭的藏书楼转化为开放性的图书馆，从仅仅供少数人利用转变为供公众利用。

（2）从单纯的收藏文献向藏用兼顾发展，成为普及社会教育文化的场所。

（3）以纸质印刷出版物为主，为流通提供了便利。

（4）图书馆形成了完整的、科学的工作体系，包含图书文献采访、处理、存储、传递利用等环节。

3.现代图书馆的特点

（1）现代计算机技术广泛应用于图书馆各个工作环节，从而替代了传统的手工操作，工作效率也得到了质的提升。

（2）图书馆的载体形式也有所改变和丰富，除传统的印刷型图书文献以外，光盘、磁盘、录像带等非印刷资料也被收藏。

（3）图书馆的工作和服务逐渐加强，既能为读者提供原始文献资料，也能够满足用户的信息需求，还能对收藏的文献进行二次加工。

（4）图书馆组织向网络化、国际化发展，与其他图书馆之间的联系更加紧密，逐渐使共享全球范围的文献资源成为可能。

（三）图书馆的构成要素

图书馆的五个基本要素是藏书、读者、馆员、技术方法、建筑与设备。[①]图书馆的发展离不开这些要素的相互作用、相互联系。

1.藏书

图书馆收藏的各种类型文献的总和就是藏书，从网上下载的各类信息资源、电子出版物、视听资料、印刷型文献等都包括在内。藏书是依据图书馆的读者对象、任务、性质，系统地、有目的地收集的，经过加工、整理、排列、组织，成为有层次、有重点的图书馆藏书体系。藏书体系要满足和符合广大读者的需求。

---

① 朱虹凌."以人为本"的个性化服务在高校图书馆管理创新中的作用[J].商情(科学教育家)，2008（5）：62.

2. 读者

图书馆的服务对象就是读者。党政干部、研究生、在校大学生、科研工作者、教师等是高校图书馆的主要读者。图书馆工作的基本内容是研究与服务读者。图书馆服务工作的水平通过读者对图书馆的利用程度来反映，而图书馆服务工作的价值由读者的需求来决定。

3. 馆员

图书馆工作人员就是馆员。馆员是连接读者与图书馆藏书的桥梁，既是图书馆各项工作的组织者，也是管理者。馆员的政治素质与业务水平，直接影响图书馆作用的大小、工作的好坏。

4. 技术方法

做好图书馆工作的主要手段是技术方法。图书馆工作的方法系统由图书的收集、整理、组织、管理、流通等各部门工作的技术方法构成。现代信息技术与传统的手工操作都包含在内。

5. 建筑与设备

图书馆开展工作的物质条件是建筑与设备。水电设备、办公设备、阅读设备、技术设备、馆舍等都包含在内。

上述五个要素中，最主要、最基本的要素是藏书与读者，没有藏书与读者就构不成图书馆；馆员和技术方法则是连接藏书与读者的桥梁。

二、高校图书馆的产生与发展概况

高校图书馆与普通的学校图书馆是有一定区别的，虽然它们都属于学校图书馆的范围，但是高校图书馆是属于科学或研究图书馆。高校图书馆存在的价值意义也是其基本特征，即为教学与科学研究服务。这贯穿于每个工作环节当中，从服务内容、手段、方法都能看出高校图书馆的学术性质。高校图书馆的服务是一种专业性、学术性很强的工作。高校图书馆各项工作的水准，必然会随着科学技术与高等教育的迅速发展而被要求快速提升。

高校图书馆因社会的需求而产生，并随着社会的发展而发展，而且是有了大学之后才出现的大学图书馆。世界上第一所大学出现在欧洲。在欧洲的很多城市当中，很多求知欲很强的青年人为师从某位或几位饱学之士，会千里迢迢四处去游历。长期下来，一定数量的教员和学生就会汇集到一个场所，他们依据专业学术范围，共同组成了院系，进而有了最初的大学。

大学图书馆的发展有着一段艰辛的历史。在刚开始的时候，只有教师自己有藏书，没有图书馆。学生需要时要么自己购买，要么向教师借阅。后来，社会知名人士及毕业生把自己的藏书捐赠出来，学生们也出钱购买，才逐渐形成了一定规模的藏书。如此一来，一定数量的教学用书被收藏于一些大学系科中。

高校图书馆最初的规模都特别小。直到我国的印刷术在 15 世纪末至 16 世纪初传入欧洲之后，欧洲出现了大量的印刷书籍，高校图书馆藏书才得到很大程度的增加。当时，布拉格大学图书馆、巴黎大学图书馆、剑桥大学图书馆、牛津大学图书馆等都已具有一定规模。法国资产阶级革命于 18 世纪后期爆发，而图书馆此时也得到了广泛普及，西欧各国图书馆事业蓬勃发展。例如，1602 年 11 月 8 日正式开放的牛津大学图书馆，从最开始的 2000 册藏书发展到上千万册；1638 年成立的美国哈佛大学图书馆，从起初的 2600 册藏书发展到上千万册，现在都成为世界上重要的研究图书馆。

在亚洲，质量最好、历史悠久的图书馆大多数在大学，是模仿西方图书馆的实用方法组建的。我国高校图书馆的发展时期与近代高等学校几乎相同。比如，京师同文馆是清政府为培养外语人才在 1862 年设立的，同时还建立了书阁；圣约翰书院是美国圣公会 1879 年在中国创办的；1898 年创办京师大学堂，1902 年设立藏书楼，1912 年京师大学堂更名为北京大学，藏书楼改名为图书部，1930 年图书部改名为图书馆，这是我国大学中规模最大且历史较久的图书馆。图书馆在现代高等教育中已成为必不可少的教育设施。很多国家甚至将图书馆看作"大学的心脏"。大学的实力与水平会以它的藏书规模大小和信息蕴含多少作为衡量标准之一。高等学校有文科大学、工科大学、理科大学、专科性大学、综合性大学等类型，相应地，高校图书馆也可区分为文科、工科、理科、专科性、综合性等类型。一些国家还将图书馆分为大学本科图书馆、研究图书馆、学院图书馆、大学图书馆，主要为教师与研究生服务的图书馆是大学图书馆或研究图书馆，主要为大学本科生服务的是学院图书馆或大学本科图书馆。此外，很多大学的系科设立了情报室或资料室，作为图书馆的补充。通常，学校图书馆主要收藏各种工具书，各科综合性、交叉、边缘与新兴学科的藏书，各个专业的基本理论著作，供一般工作人员阅读的普通书刊，供师生课外阅读的书刊等，其服务对象是全校师生员工。情报室或系科资料室主要收藏针对该系科的工具书和专业书刊，其服务对象是该系科师生。

从中华人民共和国成立以来，我国高等学校图书馆事业就取得了重大的成绩。尤其是改革开放以后，高校图书馆事业得到了巨大的推动和发展。近几年，图书馆渐渐从传统型转向现代型，展现出新的特点。

1.自动化

现代化技术发展的重要标志是计算机技术。在图书馆工作中，计算机技术已经被广泛应用。以往靠油印或打印卡片管理图书馆的时代已经远去，当今的管理方式与过去相比发生了翻天覆地的变化。在图书管理方面应用计算机技术是图书馆事业新的里程碑，这意味着图书管理从过去的手工操作方式转变为计算机自动化管理方式，初步实现了自动化发展。在图书馆建立的图书数据库中，图书的借阅、查询基本实现了管理自动化。计算机软件的开发应用是图书管理现代化的最大功臣。众多高校图书馆在 20 世纪 90 年代初就认识到软件是实现自动化的前提，并联合计算机软件设计人员共同编制图书馆专用管理系统，虽然研发初期碰到的困难较多，软件也有很多缺点，但是这体现了图书馆界有识之士的探索精神。正是这种锲而不舍的奉献精神，使图书馆管理软件系统开发迎来了百花争艳的局面，如最初深圳大学开发的 ILAS 系统等。图书馆自动化管理之所以成为可能，正是因为这些国产软件在图书馆的实际应用。如今，我国少数高校图书馆已经进入了自动化第二阶段，即电子文献信息服务的过渡阶段。例如，上海交通大学、清华大学、北京大学等高校直接引进日本、中国台湾地区等自动化系统，使学校图书馆的管理水平达到世界先进水平。现代化图书馆重要业务内容之一是图书馆文献工作标准化。数目情报、主题标引、文献分类、书目的著录等因《文字条目通用排序规则》《CALIS 编目规则》《中国机读目录通讯格式》实现了标准化。图书馆数据库根据这些标准建设，形成统一规范管理。因为数据处理标准统一，所以能在如今的网络环境下，实现资源共享。

2.网络化

在我国，网络基础建设是特别受重视的。1997 年完成了四大网的互联，为图书馆的发展建立了良好的网络环境。

高校网络化的发展因国家网络的建设而被带动。高校在校园内或图书馆内建成校园网或馆内局域网。局域网可以进入互联网，在馆内、校园内实现网络联系。读者可以通过自己或单位的信息进入互联网，也可以通过校园网进入互联网获取信息。因此，现代衡量高校图书馆发展的重要标志是网络化建设的水平。

3.数字化

计算机检索与传统的手工检索服务方式相比，在查全率、检索途径、检索时间等方面发生了巨大的变化。

（1）国际联机检索。北京大学、清华大学等众多高校都引进了国际上的联机检索服务系统，如 OCLC 的 Firstsearch。该系统不但提供 60 个数据库，而且它的 OEC 全文电子期刊服务可以实现 900 多种电子杂志的网上检索。

（2）光盘数据库。光盘数据库在 20 世纪 90 年代以后大量出现，因此高校图书馆的数据库得到了补充，信息查询方便了很多，世界上几千种期刊都可以查到。

（3）中文数据库。有能力的高校尝试自建本校特色的数据库。国内的信息技术公司也利用他们的信息技术优势开发各种数据库。具有代表性的有清华大学开发的中国期刊全文数据库、中国科学技术大学开发的万方数据库、重庆维普资讯有限公司开发的中文科技期刊数据库等。各校自建的书目数据库能为联机检索提供网上资源。

（4）实现真正意义上的资源共享。信息咨询服务的手段和方法、查全率因计算机网络化与信息资源的新载体增加而发生了根本变化，文献检索的时间也大大缩短。图书馆借助彼此之间形成的网络，可以远程获得他国、他馆的信息资源，实现了最大限度的资源共享。这就是数字图书馆的原型。

4.图书馆建筑的现代化

20 世纪 80 年代是各高校图书馆发展迅速的时期。高等教育的日益发展大大地促进了高校对图书馆投入的增加，这无疑为大学图书馆的发展打下了坚实的基础。随着计算机的应用于 20 世纪 90 年代初逐步普及，图书馆的自动化建设也获得了巨大的进步，各图书馆先后都实现了计算机管理，焕然一新。近几年，网络技术随着全球信息化进程的加快得到了迅速发展，而图书馆收藏的文献也从以收藏印刷型出版物为主逐渐转变为收藏网络出版物、电子出版物、印刷型出版物并重。对于图书馆相关的文献信息，读者们可以在网上查阅、检索。

近几年，在科教兴国的战略方针指导下，文献信息的需求随着科技发展而不断增加。图书馆的建设被各高校重视，很多高校在筹建或新建图书馆。随着网络化建设、内部结构的现代化，高校图书馆逐渐建设成更为现代化的图书馆。将来的图书馆从形式到内容都会为 21 世纪人才的发展奠定坚实的文化基础。

第二节　高校图书馆的性质和职能

高等学校图书馆工作是科学研究工作与学校教学的重要组成部分。高等学校图书馆体现了学校总体水平，其建设与发展直接对应着学校的建设与发展。这决定了高校图书馆的性质是为教学和科学研究服务的学术性机构。学校总体水平的重要标志就是图书馆的水平。图书馆是学校的文献信息中心。

一、高校图书馆的性质和任务

（一）高校图书馆的性质

1.服务性

为职工、科研工作者、在校学生、教师的工作学习提供信息资料是高校图书馆收藏书刊的目的，而本校所设学科专业的系统知识是其藏书的侧重点，这与服务人们物质生活需要的服务性部门，如餐馆、商店等有本质上的不同。高校图书馆是科学文化意识形态领域里的服务部门，而社会效益是其服务成果的主要表现，从文献资料的传递过程中能展现出高校图书馆的服务性。高校图书馆因为具有这种服务性，所以对工作人员的要求也很高。高校图书馆工作人员要了解师生的阅读规律、专业特点、学校所设学科、本馆馆藏体系，需要具备深厚的科学文化知识和图书馆业务知识。

2.学术性

图书馆工作具有较强的学术性。图书馆工作是教学和科研的前期劳动，是高校图书馆的学术性表现。

（1）高校图书馆工作本身拥有学术性，如参考咨询、流通阅览、组织保管、编目分类、采购图书等各项工作都有一定的学术性。尤其是日益发展的现代信息技术，对图书馆的工作产生了巨大的影响，运用现代技术去改造传统的图书馆工作是图书馆工作的新内容。

（2）图书馆工作是确保教学质量与构成科研能力的主要因素，是教学与科研的前期劳动。教学工作与科研工作在大学校园里是有明显的连续性和继承性的一种社会劳动。在从事教学和科研工作前，任何一名教师和科研工作者都会针对所教课程和所选课题进行资料收集、调查研究，了解其历史、当前研究水平及今后的发展趋势，从而确保教学质量和科研工作成绩。高校图书馆及情报部门是这种文献调研活动的主要承担者，因为它们完整地保存了记载人类知识和智慧的文献。

3.教育性

高校图书馆的教育性主要体现在以下两个方面：第一，对读者进行政治思想教育；第二，对读者进行科学文化教育。高校图书馆运用收藏的文献资料向读者宣传马克思列宁主义、毛泽东思想、邓小平理论等，宣传党的政策、方针、路线，帮助读者树立爱祖国、爱人民和全心全意为人民服务的高尚的道德情操。

丰富的科学文化知识蕴藏在图书馆这个知识宝库中，而这些知识是供读者学习使用的，所以图书馆还有着传播科学文化知识和进行科学文化教育的作用。图书馆向读者提供了丰富的文献资料，使读者的文化水平自然而然地得到提升。

图书馆是培养学生自学能力的场所。大学生在学习中遇到问题时，可以通过图书馆的文献资料和各种工具书进行学习、探讨和研究。高校图书馆的教育性是一种综合性素质教育，是教学活动的重要补充。不管社会如何发展，图书馆的这种教育功能始终不会消失。

（二）高校图书馆的任务

依据国家的教育方针，努力培养有理想、有道德、有文化、有纪律的社会主义建设人才，是大学的基本任务。作为学校的一个组成部分，高校图书馆同样也必须承担这个基本任务。因此，高校图书馆要履行教育职能和情报职能，发展教育科学文化事业，为建设社会主义物质文明和社会主义精神文明做出贡献。以下是高校图书馆的主要任务。

（1）为学校的教学和科研提供文献情报保障，即依据学校的专业设置与教学层次，采集各种类型的书刊资料、电子文献，进行科学的分类、编目和管理。

（2）做好服务育人工作，让图书馆成为学生的"第二课堂"。

（3）利用自动化手段，围绕教学、科研，采取各种流通方式，为师生、员工提供各类参考书刊、资料及电子文献。

（4）为研究生教学和科研提供参考咨询和情报服务。

（5）培养师生的情报意识与利用文献的能力，发挥教育功能。

（6）研究和推广目录学、图书馆学、情报学的理论以及技术方法和现代化手段。

（7）全校文献情报工作的协调与统筹。

（8）开展多方面的协作，参加图书情报事业的整体化建设，努力实现图书资源共享。

二、高校图书馆的职能及其拓展

（一）高校图书馆的职能

1.高校图书馆的基本职能

高校图书馆是收集、选择、积累知识信息的物质载体，再对其进行加工、整理、存储、控制、转化，最后传递给读者来使用。图书馆的本质属性决定其具有三项基本职能，即收集、整理和提供教学科研使用的文献资料。图书馆生存与发展就是建立在收集、整理、提供这个不断循环往复的动态过程之上。若想图书馆能独立存在发展，就必须拥有这三项基本职能。

2.高校图书馆的社会职能

1975 年国际图书馆协会联合会在法国里昂召开的图书馆职能科学讨论会上一致认为，开发智力资源、传递科学情报、开展社会教育、保存人类文化遗产等是图书馆的四种社会职能。随着社会的发展，高校图书馆的社会职能虽然也会不断改变，但是离不开其基本职能。

（二）互联网时代高校图书馆职能的拓展

1.信息服务职能

高校图书馆拓展信息服务职能是非常有必要的，这是基于互联网时代，高校师生对图书馆信息检索的需求而提出的。[①] 由于互联网的高速发展，信息的更新和迭代特别快。高校师生以自身专业或者自我能力的提升为基础需求，对检索信息的需求特别旺盛，他们需要跟踪学科前沿，学习先进的学科内容及学科思想。传统的通过图书信息检索及图书借阅的方式已经无法满足学校师生的信息需求了。

高校图书馆要进一步拓展信息服务职能，只能以互联网为基础，进一步丰富电子信息资源，在提供传统图书馆信息服务的时候，更重视图书馆信息化建设。如此一来，学校师生遇到困难时，就能通过网络搜索到有关资料与文献。

---

① 李丹丹.互联网时代高校图书馆的职能拓展分析 [J].福建茶叶，2020，42（3）：34.

除此之外，高校图书馆要积极采用校园媒介和自媒体开展宣传工作，介绍自身的发展及提供的信息服务，使师生了解图书馆的建设和发展过程，同时进一步了解图书馆信息服务职能拓展的具体情况。

2. 校园文化建设职能

高校图书馆要积极承担起校园文化建设的职能，进一步营造全员阅读的学校氛围，提高学生阅读的兴趣，使学生养成良好的阅读习惯。学生如果都极度缺乏阅读习惯，只关注自身专业的发展，尤其是理工科学生，都把学习重点放在了专业知识上，那么他们在人文素养的培养和人文知识的获取上就会显得有些不足。

因此，高校图书馆要积极承担起校园文化的建设职能，从而使师生养成良好的阅读习惯，使学生的思想观念得以转变。为此，高校图书馆要积极开展多种形式的教育工作，如公开课、阅读分享课等，帮助学生了解阅读的重要性。与此同时，阅读的指导工作也要做好。图书馆的书籍馆藏方式也要适当地进行调整，在每个馆藏室中都要单独设置图书推荐区域和推荐目录，重点标记不同学科和门类的推荐书籍，做好课外阅读指导工作。高校图书馆用这种方式指导学生的阅读，让学生无须自己去查找百度或者盲目借阅，从而使学生的课外阅读质量得到提升。例如，一些学生想要了解经济方面的内容，一般情况下，他们会先到互联网上搜索所需阅读的书籍，然后进行整理，把阅读清单列出来，再去图书馆通过检索进行查找与借阅。那么，如果图书馆主动将图书推荐区域及目录设置出来，学生就不用通过网络去搜集，只要直接去学校图书馆图书推荐区域，把自己需要的书籍找出来，进行学习和整理资料便可。这样一来，学生的发展需要得以满足，阅读兴趣也会随之提高了。

3. 社会责任职能

高校图书馆要把承担社会责任职能重视起来，积极对社会开放。基于互联网的发展，地方高校的图书馆一方面担负着为本校师生提供阅读与信息检索服务等职能，另一方面需要承担社会责任，积极对社会开放。高校图书馆依托互联网的发展，积极给当地社会在发展上提供支持，主动承担社会责任，为社会发展提供信息咨询服务。

高校图书馆要积极转变思想，除了满足本校师生的阅读和信息检索需求外，条件允许的地方高校图书馆要向社会开放，允许社会大众办理图书馆的借阅卡与图书证，向社会上的每一个人提供信息咨询服务，为社会发展做出贡献。若图书馆因为场所或者是管理制度等不能对外开放，可以通过网络提供网络信息咨询服务，如提供对外接口，使社会上的人可以通过网络迈进高校图书馆的知识储藏库中，以阅读和检索书刊及电子文献资料。图书馆也会因此增加经济利益，其在互联网时代的专业化发展也能得以推进。

4.教育职能

高校图书馆要把教育职能进一步拓展，担负起教育的责任，打造高校"第二课堂"。当下，高校教育中，课时的安排限制了大学教师的教学，课堂教学教的更多的是教材内容。这样一来，学生虽然对专业课程特别感兴趣，但是课堂教学满足不了他们想要了解更多专业课知识的需求，所以他们往往通过互联网进行搜集整理。随之而来的问题是，互联网的相关信息特别杂乱，导致学生选择信息比较困难。

高校图书馆要积极拓展自身的教育职能，积极展现自身的优势，即可借阅的纸质书籍、丰富的馆藏文献、可利用的电子资源信息等，并利用图书馆的空间优势，全力打造高校"第二课堂"，让学生习惯在图书馆里阅读和学习；同时，以"阅读精神"为主题的校园活动也可以开展起来，鼓励学生阅读，培养学生良好的阅读习惯，还可以试着和院系沟通，采取通过读书获得创新学分等形式，鼓励学生坚持阅读，在全校形成良好的校园阅读文化氛围，从而提升学生的综合能力。

第三节　高校图书馆的服务内容及嬗变

一、文献阅览服务

（一）纸质文献阅览

图书馆工作的重要内容是文献流通工作，其最基本的服务之一就是文献阅览服务。纸质文献是指图书馆馆藏的图书、期刊和报纸等实体文献。学生读者主要以纸质文献阅读为主。因此，图书馆非常重视纸质文献的阅览，并且也在不断地创新和发展，以提高纸质馆藏文献的利用率。以下几种是当前图书馆纸质文献阅览的主要方式。

1.闭架阅览

闭架阅览是指不允许读者直接进入书架自由挑选，而必须由管理员依据读者需要进行馆内查找，并将文献资料交给读者阅读的方式。这种阅览方式不允许读者自己取书，只允许读者进入阅览室，而且非常耗费人力、物力，也不方便读者阅读，但能够保证图书排架整齐、不遗失。当前，这种阅览方式已经被淘汰。

2. 半开架阅览

半开架阅览主要是指图书馆利用陈列展览的形式，在闭架阅览的基础上，把一些流通量比较大的图书或最新入馆的图书放到特制的书架上，让读者可以看到书脊或封面的内容，然后进行浏览挑选，通过管理员提取借阅的一种阅览方式。这种阅览方式也具有一定的局限性，虽然读者能够看到少部分的图书目录，但是读者整体预览时不方便，而且需要管理员进行管理，比较麻烦。

3. 开架阅览

现代图书馆大多实行"藏借阅一体"管理模式，允许读者进入书库和阅览室，可以在书架上自由选择想阅读的书的服务方式就是开架阅览。[①] 读者在这种阅览服务中，有着极大的自主权：第一，读者进入阅览室不受任何限制；第二，读者可以随意挑选图书。开架阅览能大大提升读者阅读的积极性，拓展读者的视野与知识，也能吸引更多的读者利用图书资源。开架阅览的优点特别明显，对于管理员或者工作人员而言，避免了从书架中取书的劳动，从而有更多的时间了解读者的需求，并能更进一步满足读者的需求；对于读者而言，可以直接接触到更多的图书，启发了潜在的需要，开阔了视野，扩大了阅读范围。因此，这种开架阅览方式是现代图书馆服务发展的必然趋势，深受读者欢迎。

（二）数字文献阅览

1. 电子资源

为了促进学校教学和科研，图书馆都会适当订购一定数量的中外文数据库，包括中外文期刊、学位论文、电子图书及学习考试类资料等文献资源。在授权范围内，电子文献可以实现随时随地地阅读，节省传播费用，传播速度快，存储量大，方便携带。在线阅读以电子图书为主，符合现代社会读者的碎片化时间的运用。这些特点使更多的读者越来越青睐电子图书。电子文献充分发挥了现代数字技术在信息传播上的先天优势，还有些电子图书服务商为读者提供电子图书借阅业务。电子图书的出现，让读者能够更加快捷、安全、方便地阅览到所需要的资料。

---

① 付军.浅谈高校图书馆藏借阅一体化的服务管理模式[J].科技情报开发与经济,2010(26):23-24.

2. 馆藏 OPAC 查询

随着网络技术的迅速发展和日益成熟，实现图书馆的网络化，为读者提供更方便的信息查询服务刻不容缓。

OPAC 是 Online Public Access Catalogue（联机公共查询目录）的缩写，在图书馆学上被称作"联机公共目录查询系统"，让读者可以利用网络实现图书的查找和借阅。OPAC 于 20 世纪 70 年代初发端于美国大学和公共图书馆，其含义是传统读者目录查询的自动化，是一种通过网络查询馆藏信息资源的联机检索系统，让用户可以不受空间地点的限制，查询图书馆的馆藏资源。图书馆 OPAC 系统是业务管理系统的网络化，主要包括馆藏书目查询、分类浏览、学科导航、新书通报和"我的图书馆"等功能。读者登录"我的图书馆"可以实现借阅查询、图书预约、续借、图书荐购和借阅历史查询等功能。

二、文献外借服务

（一）个人外借服务

图书馆最基本也是最简单的服务之一就是文献借阅服务。读者根据自己的爱好、兴趣或需求凭借书证在馆内借阅相关文献，满足读者的需求。因此，在众多外借方式中，个人外借流通量最大，也最为活跃。

教师与学生是高校图书馆的主要服务对象。教师对教学主要参考书的需求量非常大。高校图书馆个人外借服务的主要内容是教学用书的流通工作。如考试、上课、开学、放假等教学工作是有阶段性的，所以不同的教学阶段，读者对文献资料的需求也会体现出较为明显的差异。

（二）预约外借

预约外借是指读者向图书馆预约登记自己所需的文献，而图书馆将读者所需文献入藏，或别的读者把文献归还图书馆以后，即根据预约登记的先后顺序通知读者到馆办理借阅手续的一种外借服务方法。一般来说，读者一时借不到所需文献，主要原因有以下方面：

（1）读者所需文献已经被别的读者借阅，暂时还没有归还。

（2）读者所需文献虽然已经采购到馆，但是还没有加工完毕，尚未入库流通。

（3）读者所需文献因排架出现差错，一时没有办法满足其借阅需求。

不管是哪种原因，只要读者所需文献归还图书馆或加工完毕入库流通，图书馆都将按照读者登记的顺序通知读者到馆办理借阅手续。

这种方法在满足读者的借阅需求、方便读者的同时，也对降低文献"拒借率"、提高馆藏文献的利用率有十分明显的作用。

（三）馆际互借

馆际互借是图书馆之间经过协商，在建立互借关系的基础上，相互利用对方的馆藏，以充分满足读者需要的一种外借服务方式。由于每座图书馆所收藏文献的范围、品种、数量比较有限，因此各图书馆单靠本馆的藏书很难满足各类型读者多种多样的借阅需求。馆际互借则是保持各馆互通有无，使一馆之藏为多馆使用，使文献从仅在一馆一地发挥作用转为在全市、全省，甚至在全国发挥作用的有效方式，是实行图书资源共享的重要手段。

（四）通借通还

通借通还指的是读者可以到图书馆任一分馆借，而归还馆藏地为本分馆或其他分馆的借阅方式。通借服务主要包含两层含义：第一，读者可向图书馆的任意一个分馆借书；第二，读者能在任意一个分馆或图书馆主页上委托外借其他分馆馆藏的图书。通还服务即读者可以在图书馆任一分馆归还其他分馆馆藏的图书，再由图书馆的工作人员将这些图书送到其所属的分馆。现在，此项服务主要指处于同一所高校的多个校区之间展开的服务。

三、参考咨询服务

（一）口头咨询

依据客户提出的较为简单的问题，咨询人员以口头形式给予回答的咨询服务是口头咨询。口头咨询适用于内容比较简单、要求精确度不高、时间紧张的场合，通常多用于知识性或一般性的事实答询，即对于用户问题，咨询人员不需要经过查询就能够及时当面解答。因为口头咨询的内容没有预见性，所以要求咨询人员拥有灵活的应变能力和广阔的知识面。

（二）电话咨询

1.培养电话接听技巧

展现服务质量最重要的标准是咨询人员的态度。仔细聆听读者咨询，边听边记录，保持敏捷的思维和快速的反应能力，以已知信息为基础迅速确定检索的主题和检索的范围及方向。

2.配备必要的检索工具

电话咨询要求咨询人员要快速进行回答，因此，相关的参考信息源和设备要配备齐全。参考信息源越丰富、完整，咨询工作的效率就会越高。

常用的参考信息源有以下几种。

（1）基本检索工具，如《中国图书馆分类法》、百科全书、年鉴、手册等。

（2）自建参考信息源，如专题剪报、各种宣传资料等。如果剪报量大，应为剪报编制主题索引，方便查询。介绍馆内活动的资料是必不可少的，如各阅览室的开放时间、办证的注意事项、专项活动的安排等，一旦情况有变化，必须及时更新。

（3）计算机的配置。计算机的配置对参考咨询工作效率有很大影响。在解答网络信息检索、图书馆电子资源使用等问题时，咨询人员更是离不开计算机和网络。

3.培养应变能力

在电话咨询过程中，要求电话咨询人员具备良好的心理素质和应变能力，也许会遇到等待答案时缺乏耐心、对咨询答案不满、对图书馆工作有意见而借此发泄、无聊的恶作剧、不尊重咨询人员的劳动等的读者，这无疑加大了咨询人员的工作难度，也需要咨询人员善于借助语言化解矛盾，能够灵活地处理各类电话咨询，使电话咨询成为一次双方愉快的体验。

4.限制电话解答时间

为确保通信线路的通畅，要适当控制通话时间，尽可能地在控制时间内把问题回答完。若是问题相对复杂、不容易检索时，可以把回答的时间设定出来，让读者过些时间再打过来。这样，咨询人员就有充足的时间进行检索，而读者等待的时间也不会太久，更不会对其他读者在使用电话线路上带来影响。

（三）虚拟参考咨询

1.实时问答咨询

实时问答咨询即用户和图书馆馆员实时在线，一问一答，是一种交互式的服务。它将传统的面对面咨询中的实时交互能力保留了下来。它是由参考咨询人员在网上的虚拟社区直接"面对"用户，即时回答用户的咨询。用户也能把自己的问题与参考咨询人员进行研讨或多次提问，直到得到让自己满意的答案。

2.电子邮件咨询

电子邮件咨询即在图书情报机构网站的主页或某个网页上设立"参考咨询"或"询问图书馆人员"链接，通过该链接咨询问题，之后用电子邮件把答案发给用户。

3. 学科咨询

学科咨询即把若干咨询专家和他们擅长的学科范围与咨询项目公布出来，让用户直接向专家咨询。

4. 知识库检索

知识库检索是将具有一定知识含量的问题及其答复，按照统一的元数据格式存储在数据库内，供用户检索和使用。

5. 合作数字参考咨询服务

合作数字参考咨询服务是由多个成员馆联合起来形成一个网络化的虚拟数字参考服务系统，按照一定的标准和协议，面向更大范围的网络用户提供数字参考服务。

四、学科馆员服务

"学科馆员"是指图书馆设专人与某一个学院或学科专业建立对口联系，在院系、学科专业与图书馆之间架起一座桥梁，相互沟通，为读者主动地、有针对性地收集、提供文献信息服务。[①] 图书馆推行此项服务，是有针对性地为教学、科研提供有力的帮助。

五、大数据背景下高校图书馆信息服务的嬗变

（一）大数据背景下高校图书馆信息服务模式

1. 一站式云服务平台

将图书馆的所有信息服务与资源，利用移动互联网、云计算、大数据等技术集成和整合到图书馆的云服务平台，就形成了一站式云服务平台。在图书馆的云服务平台中，用户通过一次检索就可以获得多类型、高效率、全方位的一站式资源服务，以最快、最准确的方案解决用户问题。一站式云服务平台的优势极为明显。对于图书馆而言，通过一站式云服务平台可以大大节省图书馆的财力、物力、人力，实现馆际互借与馆藏资源的信息共享，解决馆藏资源的存储问题。对于用户而言，用户检索结果是根据具体需求给出的一整套的信息解决方案，而不再是单一的回答。

2. 基于大数据的个性化服务

数字图书馆对传统图书馆的资源进行了数字化储存，而且能够采用个人图

---

① 吉万明.高校图书馆学科馆员工作浅探 [J].中国管理信息化，2014（22）：62-63.

书馆平台对图书馆可提供的服务类型进行整合，提供简单的信息推送服务。基于大数据环境，图书馆的信息服务形式发生了改变，不再是简单地给用户推送同一个消息，而是利用移动互联和大数据等技术，通过社交工具（学科博客、RSS订阅、微信、微博等）挖掘并分析信息用户信息行为的数据，有目的地进行推送；再者，通过深层次挖掘用户的信息需求，可以充分掌握信息用户的个性化特征，对其潜在的需求也能预测到，进而达成更加精准、及时、个性的信息服务。

3. 集成服务

随着互联网、大数据技术的发展，信息服务和资源建设更快地向开放、互助、资源共享的方向发展，开展集成服务。这样有利于图书馆根据用户的信息需求，借助网络信息技术与信息服务联盟，在各高校图书馆与文献保障系统之间对文献信息资源进行统筹规划，使可获取利用的信息资源可以最大限度地覆盖学校的各个学科专业，并且能够重点保障学校重点学科、博士点学科的信息资源需求，以实现馆藏信息资源的"投入—产出"比例最优。

4. 知识服务

大数据知识服务是一种基于网络的智能化、泛在化发展趋势而衍生出来的，用以解决结构化、半结构化及非结构化数据多维度处理的现代信息服务新模式，是嵌入式协作化知识服务模式的一种新发展。[①] 大数据知识服务模式比较注重读者的参与，强调知识、能力、资源、过程与服务的形式进行有机融合，并基于网络自由流通，实现大数据知识服务体系中的知识动态协调建构、能力智慧管理、资源按需使用、过程智能控制，以满足读者急剧扩张的知识服务需求。

5. 智慧化服务

智慧指的是对事物迅速、灵活、正确的理解与处理的能力。图书馆智慧化服务指通过大数据相关技术，自动且快速地对复杂动态数据进行收集与处理，对用户的信息需求趋势进行分析判断，并了解读者的需求动态，研究需求规律，把用户潜在的信息需求转化为现实的信息需求，将隐性的知识显性化，使信息的价值得以真正实现，并从管理和运营系统全局层面，确保管理决策、资源分配、硬件与软件建设、技术选择的科学性，确保信息服务的高效、灵活。

---

① 张植卿，苏艳红. 大数据知识服务的内涵及其特征[J]. 经济研究导刊，2014（17）：49–50.

（二）大数据背景下高校图书馆信息服务的创新

1.强化数字图书馆建设，创新信息服务意识

随着信息存储技术与现代互联网科技的日益发展和成熟，数字图书馆成为一个全新的数字化概念，主要包括图书馆行政管理、资源检索、资源收藏数字化等多个方面。现代人的生活已经离不开移动终端，而读者也更青睐与习惯电子阅读，所以创建数字图书馆已经刻不容缓，也是高校图书馆建设的重要路径。进一步加强数字图书馆建设，能够更准确、全面、有针对性地推送读者所需信息，也可以在很大程度上提高高校图书馆资源存储量。如果能够向社会开放数字图书馆，也会使高校图书馆丰富的信息资源能够被大众运用。

2.创新服务理念，从根本上践行"以人为本"的服务理念

决定实践的是理念，因此要以创新服务理念作为先导进行高校图书馆的改革。现代社会，飞速增长的信息量、多样化的信息产生方式、较低的信息生产成本等，都给高校图书馆带来了巨大的冲击和挑战。对于现如今读者的各种个性化需求，仅仅通过传统的依靠图书馆管理员的经验和知识水平来为读者提供建议、借阅、资讯等服务的方式，显然已经满足不了读者的客观需求了。因此，高校图书馆不仅要改变服务理念，还要改变服务方式。为了更好地满足不同用户的多种需要，图书馆应该主动了解读者的需求，积极开拓，深入探索，根据读者的需求找出多种解决问题的渠道。另外，高校图书馆还需要具备依据读者的兴趣、喜好及以往的问题，准确分析出用户之后可能会面临的问题或是对信息的新需求的超前的服务意识，从而能提前准备好解决这些问题的信息资源。

3.增强学校学科建设，拓展信息服务渠道

增强学科建设是高校提升自身的竞争力，获得更广阔的发展前景的必要条件。[①] 高校图书馆作为高校的信息存储与服务中心，必须要把自身的发展与教学、科研联系起来，投入学科建设中。

（1）准确了解各院系教师及科研工作者在教学、研究等方面的需求，加强图书馆与各院系之间的联系，提供更有针对性的个性化信息服务。

（2）对于本高校的重点学科建设，图书馆管理员应有足够的了解，并且建立以重点学科为专题的信息导航、搜索、查询系统，将最精华的网络资料整理、归纳，在师生、科研工作者需要的时候能给予最权威、准确、最新的信息

---

① 胡颖.试论大数据时代高校图书馆信息服务创新与发展 [J]. 报刊荟萃，2018（9）：123.

资源。

（3）应该创建相应的学科信息服务相关平台，并全面搜集最新的学科动态、学科专家观点与评估，以及学科期刊的投稿与刊登等信息，建立资源共建共享、在线交流、RSS 信息制定等服务。

4.大数据驱动下高校图书馆的可视化服务模式

近几年，大数据技术异军突起，发展非常迅速，但实际上，数据挖掘技术早在多年以前就应用到各个领域之中，而高校图书馆也在尝试运行。在运行的过程中，基础数据经过程序加工处理以后，变成文档形式或报告形式。这种数据信息以图像的形式展现出来，能够更加快捷、准确、迅速地传递信息，从而极大程度地满足读者所需。这种可视化的信息传输模式，实现了多种非结构化数据的融合，让信息经过归纳、分析及处理之后，变得更加鲜明。动态化的可视信息能让大量的数据在有限的时间内进行有效传输，从而确保读者能够获取更多的有效信息，也能给予读者非常强烈的视觉冲击。读者还可以根据自身的需要，在可视画面上对信息进行快速选择。目前，华东师范大学、上海交通大学、厦门大学等高校都建立有图书馆 OPAL 检索平台。虽然前期这个平台只显示图书的书架及所推荐的图书，功能非常单一，但是随着大数据技术的应用，其服务功能会越来越完善和多样化，不仅能给读者提供知识服务，还能进行可视化查询。图书馆的服务因大数据技术的应用实现着不断创新。

5.建立微信公众平台，加强与用户的沟通与联系

2011 年 1 月，腾讯公司推出了免费的手机通信软件——微信。在智能手机上，人们能够进行视频、图片、语音、文字等信息的传播，可以支持多人聊天，微信迅速受到青年人的喜爱；随后出现的微信公众平台功能也让信息传递方式越来越方便、快捷。高校图书馆为了增强用户体验、扩展渠道、优化信息的呈现方式，会建立相关的微信公众账号，将最新的图书资源、贴心服务等不断更新在公众号上，既满足了用户的需求，也拉近了用户与图书馆的距离。高校图书馆利用微信公众平台可以实现以下几项服务。

（1）定期制作并发布"微报"，及时宣传和推送自己的服务与资源。

（2）提供在线信息咨询服务，及时、有效地帮助用户解决各种问题并获得信息资源。

（3）利用微信"群聊"功能构建学习互助空间，帮助用户搜索具有共同研究背景或交叉学科背景的其他用户，共同探讨问题，共享信息资源。

6.完善服务体系，提高服务层次

知识服务的前提是采集、分析和重组信息，深层次挖掘、分析与重组多种显性及隐性的信息资源，从而构成有价值的知识产品服务。基于大数据环境，图书馆通过信息资源平台，把相应的学科知识服务提供给用户。通过对不同用户的分析、对某一学科信息频率进行检索，可以把一定时间内用户感兴趣的学科找出来，然后通过数据挖掘和聚类等分析方法，预测某一时间段学科研究的热点和学科之间的关联及交叉。同样，采集图书馆借阅系统中用户的借阅情况的统计数据和图书流通日志，再通过数据挖掘，分析用户与信息资源之间的知识关联，能够发现一定时间段之内用户的喜好和资源关注热点，利用这些知识关联能够为用户提供更加准确的学科知识服务。图书馆服务的发展，除了依靠信息资源与技术工具以外，馆员智慧也具有举足轻重的作用，而基于馆员智慧的知识服务被称为智慧服务。

对当下而言，大数据的信息挖掘技术被图书馆应用到了信息服务中，能够将个性化服务主动提供给用户。通过分析处理用户的信息需求，提供智能化、专业化和前瞻性的信息服务，使用户对信息服务的满意度提高，也实现了以数据挖掘为基础的智慧化服务。

在大数据时代，图书馆应该按照用户的具体需求和实时热点，强化丰富有效数据，完善图书馆资源，有效处理分析数据，通过知识挖掘发现用户偏好，为用户使用资源提供综合服务。图书馆通过对用户借阅情况、资源检索行为等数据的挖掘，来分析用户群体之间借阅情况的差异，以及用户的信息资源需求和研究动向等内容，再利用关联规则、协同过滤及聚类分析等方法，根据关联资源、读者喜好变化等情况，建立用户数据资源需求意向分析和推荐模型，主动推送用户需求的数据资源，完善相应服务，进而提升图书馆的核心竞争力。

7.采取先进数据挖掘和推荐技术，深化个性化信息推荐服务

图书馆的资源数量巨大，必须依照严格的标准规范进行组织整理；同样，读者在进行信息检索时，想迅速找到自身所需课程也较为困难。但是通过运用大数据分析技术，这些困难都能迎刃而解。对读者的行为方式、研究习惯、心理特征、科研环境、兴趣爱好、知识结构、阶段需求、研究方向、科研论文、课程信息、所在院系等信息进行细致的了解与分析后，就能够向读者第一时间提供所需课程教学的参考信息，从而实现快速、准确地提供知识服务。

学生通过图书馆可以满足自己信息与知识的需求，不仅可以调动主观能动性，能够积极地学习，还能改善其学习方法，学习效果与教学质量也能得到提

高。教师通过图书馆的知识反馈，可以对学生的学习水平与进度有所掌握，与此同时，以此作为依据决定下一阶段的教学方法和计划。这样一来，教师和学生之间的交流时间间接地增加了，进而实现教学相长和师生的共同发展。教师和学生获得知识以后的信息反馈，也可以储存到图书馆的信息系统中，作为分析下一阶段数据的重要参考。这样，图书馆和教学活动之间便能够实现信息交换、共享的良性循环。

第四节　网络环境下高校图书馆的信息安全

信息安全问题或许直接或间接地影响我国经济、政治和社会的健康发展。因此，我们要高度重视高校图书馆的信息安全问题。

一、网络环境下高校图书馆面临的主要安全威胁

（一）信息泄露

现如今，世界竞争逐渐加大，国家秘密与国家的安全和利益息息相关。在信息技术广泛应用的时代，各国窃密与反窃密的斗争日趋激烈，保密工作面临很多新的挑战。

1.情报机构网上窃密活动猖獗，波及高校图书馆信息安全

我们在互联网上能够获取巨大的信息，成本低，时效快，而各国情报机构同样也意识到互联网情报侦察的重要性。各国情报战的主战场已经转移到了互联网上。一些研究性大学图书馆受到很大程度的波及。确保信息安全迫在眉睫。

以下几种类型是现今情报机构在网络上窃密活动的主要手段：一是利用过滤技术与信息搜索获得公开情报资料；二是非法截获与监听网上传输的信息，即利用信息截获技术，在网络传输线路上通过物理或电子手段获取有价值的信息；三是将截获的密文利用密码破译技术先破译，再进行分析和处理；四是在固定信息网络利用木马、智能侦察技术等隐蔽通信方式，探测和渗透目标，进行收集情报等活动。

2.信息时代泄密途径日益增多

随着科技的进步，网络、通信、移动媒体得到了一定的发展与普及。为了

获得更加有价值的情报，各国情报机构将窃密手段不断进行更新，泄密途径也在逐渐增多。目前主要的泄密途径有以下几种。

（1）互联网泄密。各国情报机构通过互联网远程入侵计算机系统的手法获取有用信息。近几年，网络泄密的案件在不断上升。在网上发表和浏览信息非常简便，而安全检查、保密审查却有一定的难度，使很多国家秘密信息未经过审查便流入了社会，使泄密案件不断发生。

（2）手机泄密。现今，随着信息技术的快速发展，手机已成为非常普及的通信方式。手机是个开放的电子通信系统，不受时间和地点的约束，只要具备相应的接收设备，任何人的通话信息都能获取到。即便手机处于待机状态，也会产生电磁频谱，而情报机构便能通过侦察监视技术来发现、识别、监视和跟踪目标，并进行定位，进而获取有价值的情报。

（3）电磁波辐射泄露。所有计算机在运行时都会向外辐射电磁波，而在一定范围内用相同型号的计算机就可以直接接收计算机终端显示器辐射出的视频电磁波，通过接收并解读计算机辐射的电磁波达到窃密的目的。伴随科技的发展，目前这项技术已达到很高的水平，并且已成为情报机构的常用技术。

（4）便携式计算机和移动存储介质泄密。目前，人们广泛应用的当属便于携带的笔记本和平板电脑，也正是这种便捷性使信息泄密事件呈上升趋势。由于信息流动的合理需求，大部分人会从互联网把数据拷走，输入涉密计算机与信息系统内，殊不知，在拷贝的时候极易让涉密计算机被植入恶意代码，出现了泄密的隐患。

3.新技术发展导致保密形势更加严峻

毋庸置疑，新技术的发展也使泄密渠道有所增加。新技术的应用给传统保密手段带来了新的挑战。

总而言之，信息是当今国际社会最为重要的资源。各个国家都在保证信息安全的同时，想尽一切办法获取更多有价值的信息。信息泄密给国家的安全和利益造成的影响是无法估量的。多次泄密事件给我国的信息安全敲响了警钟，基于此种情况，作为公共服务平台的图书馆，因为自身的开放性与海量的信息存储成为信息剽窃的对象，且信息安全问题也越来越明显。

（二）数据结构、存储与处理等问题

第一，数据具有不完备性与异构性。若要实现数据挖掘、处理、分析等图书馆信息服务中的大数据技术，需要大量的、多样化的数据资源支持。例如存在于图书馆数据库中的"行数据"，既可以用二维表结构来逻辑表达实现的结构化数据，如书目信息、电子资源数据库等，也可能是自动化系统中蕴含的大量丰富的数据，如读者利用图书馆借阅图书资源的信息和历史，以及在其他社会场所如商业中心、社会服务中心、娱乐中心和工作空间等的信息行为等非结构化和半结构化数据（包括所有格式的办公文档、文本、图片、XML、HTML、各类报表、图像和音频/视频信息，以及字段、可根据需要扩充的 Exchange 存储的数据等）。数据的不完备性主要是指所获取的大数据常常包含一些不完整信息，甚至错误的数据。因此，在进行大数据分析处理之前，有必要对这种数据的异构、不完备性进行加工，重组有效处理，转换为规律的、集中的、有序的数据，为图书馆将来的信息等服务提供坚实的数据保障。

第二，数据的存储与处理。利用 ETL 工具抽取数字资源中的数据到数据仓库进行集中存储和管理，之后，依据用户端向服务器发出的请求，服务器会做出应答，从数据仓库中读取及访问数据，同时，走数据分析，返回结果给用户的垂直结构是传统的数据仓库工作模式。因为大数据时代的数据大量增加，在一天之内或许要多次处理 PB 级的数据，而且只是非结构型的数据，是水平结构的横向请求服务。传统的关系型或柱状数据库不能处理非结构数据库类型，现有 IT 结构无法高效处理这些复杂数据结构的数据，需要不同的解决方案来满足这方面的业务要求。云端广泛的平台使高校图书馆的界限变得模糊。高校图书馆的形态由于移动办公、云端服务有了质的变化。只要有智能终端设备，图书馆馆员便可以不受地点的限制和读者、用户进行沟通，一线文献采访、服务现场可以及时返回数据。大量数据云端化甚至使图书馆馆员与读者的边界消失了，这使图书馆变成了一个广泛社会化结构。

（三）不良信息的大量传播

信息技术的发展与应用，尤其是计算机网络与国际互联网的出现，使信息网络化、全球化、信息文明的浪潮席卷全球。互联网用虚拟手段为人类开启了一方全新的文化空间。网络文化以其无可抵挡的魅力，对人们特别是青少年的教育、生活和工作方式及价值观产生着巨大的影响。

第一，文化入侵。互联网成为文化入侵最有效的工具。各国对文化入侵、文化安全问题越来越重视，其已经成为国家安全体系中重要的组成部分。对于民族文化思想尚未完全形成的大学生而言，在外来网络信息的冲击下难免会误入歧途。

第二，不良信息。如果不加以防控，高校图书馆会被大量涌入的不良信息影响。如果高校图书馆信息发布模块成为不良信息传播的媒介和平台，无疑会严重干扰图书馆正常的信息发布工作。

（四）信息安全专业人才不足

国家建设信息安全保障体系和社会信息化健康发展的重要保证是信息安全人才的培养。随着网络信息化的不断普及，信息安全问题犹如一种顽疾，困扰着政府和企业。我国信息安全的发展也因信息安全人才的缺乏而受到很大程度的约束。国家产业部门、科研与教育部门、保障部门、金融部门、行政部门等国家的关键性部门的工作性质都与国计民生密切相关，因此，需要大量的信息安全人才。

（五）信息安全管理工作

随着科学技术与数字技术的发展与成熟，我们已经步入了信息时代，在生活的每一个角落，我们都能看到信息的发布与接收。我们每天会接收大量的信息，但是人们渐渐发现，相对于信息安全技术的研发，管理信息、确保信息的安全更加困难，通常是通过认证系统、防病毒系统、入侵检测系统、VPN、防火墙等系统来保障信息的安全。

二、加强高校图书馆信息安全的对策

（一）培养大数据思维，树立大数据意识

人们总觉得大数据是一种应用性与实用性非常强的工具，其实，它更重要的是一种思维方式。通过大数据找到工作规律、掌握工作重点、提高对工作的主动性与自觉性，将会带来一次思维方式的变革。有时候读者不会直接提出自己的需求，所以高校图书馆如果想在百花争艳的时代脱颖而出、在激烈的竞争中立于不败之地，必须要拥有大数据的思维。要适应时代的变化与脚步，高校图书馆必须树立正确的数据意识，认识到数字的重要性，学会用数据来证明观点、厘清脉络、揭示关系、讲述实施。

（二）重视用户全体的信息安全教育

高校图书馆不仅要抓好学生用户安全教育问题，也要抓好社区用户、网络用户教职员工的信息安全教育。为提升特定的用户群体的信息安全素质，高校图书馆要有针对性地组织教育内容与方式，加强对教师和管理人员的信息安全教育，从而促进他们更好地完成教学和科研任务，同时提升他们的信息安

全素质、信息能力、信息意识。知识产权知识、现代信息技术、信息的传递与交流、信息检索与获取是教育的重点内容。此外，信息安全教育还包括知识产权、信息的利用与创新、文献信息基本知识等知识。

（三）重视人才队伍建设

随着信息网络化和大数据时代的发展，人才在业界竞争力中的基础性、战略性、决定性作用日益凸显。只有具备相关学科背景和技术基础的人，才有可能胜任大数据分析。高校图书馆要着眼于长远发展目标，树立战略性、系统性和整体性的人才建设理念，加强高校图书馆的人才管理工作。

（四）加强与其他部门的合作

在国家的指导下，各高校图书馆已经开始进行用户安全教育。各所院校的图书馆之间也有一定的合作，如共同协作编制《文献检索与利用》课程的教材、帮助兄弟院校图书馆培养用户安全教育教师。但是，除上述合作外，在此领域基本没有其他方式的合作。基于网络环境，高校图书馆之间进入了资源共建共享的状态。然而，用户的安全教育需要基于高校图书馆信息资源之上，因此，其安全教育在网络环境下应取得一定的突破，也就是在共建共享信息资源的基础上，各馆之间在用户安全教育领域的交流与合作需进一步强化，而用户安全教育的发展也需共同推进。

（五）建立安全接受体系

用户的信息需求是高校图书馆提供服务的指南。图书馆工作就是要满足用户的信息需求。因此，用户安全教育的开展也必须建立在了解用户需求的基础上。如何去了解用户的需求呢？一方面，高校图书馆可以专门开展对用户信息需求的研究，即通过调查用户本身或对某一段时间内用户的信息行为进行跟踪调研来发现用户的信息需求及需求倾向；另一方面，高校图书馆应建立合理的用户信息需求和反馈信息接受体系。由于用户的信息需求具有阶段性和发展性，用户不可能一直都只需要某一方面的信息或信息技术，因此，图书馆最好能及时了解到这种变化并对有关的服务及教育做出相应的调整。

（六）健全保障机制

大数据研究在提升高校图书馆读者服务质量方面具有广阔的前景。大数据资源将成为高校图书馆的核心资产。图书馆在利用数据处理、数据挖掘、数据分析等技术获取大数据蕴藏的高价值、创新服务模式、提高服务质量的同时，也需要保护事关国计民生、具有自主知识产权的重要数据，以及大量个人隐私的读者数据。高校图书馆要想实现双赢，就必须重点考虑如何确保各类数据资源存储安全、如何降低网络安全威胁、如何防止隐私泄露等问题，建立一套科学、健全的安全、保密措施：从技术层面保障存储安全，提高网络安全防范技术；建立数据监管体系，对读者和图书馆的重要数据、敏感数据、隐私数据进行监管；加强图书馆信息安全制度建设，建立完善的保障体系，对数据的开放程度范围等要进行明确划分，具备严格的监管、执行及惩处措施。这样才能确保我国高校图书馆进行合理、合法的数据信息利用和传播，从而实现既充分发挥大数据的优势，又不侵犯用户隐私的共赢目标。

第二章

高校图书馆社会化服务是时代发展趋势

从辩证主义思想来考虑，任何事物的好坏优劣都存在两面性。高校图书馆社会化服务有其有益的一面，也存在一定的弊端，总体而言，益大于弊，随着高校图书馆运作成熟度的提高，这种利弊的配比会更加倾向于益。①

第一节　高校图书馆社会化服务的必要性及可行性

一、高校图书馆社会化服务的必要性

（一）高校图书馆社会化服务是历史发展的要求

在世界范围内，现在更新社会知识的周期逐渐在缩短。大众如果要紧跟社会发展的脚步，需要一直学习。基于这样的时代背景，大众都非常认同终身学习这一理念。人们读书和学习的重要场地是图书馆。由于高校图书馆自身的条件非常突出，因此人们对其非常重视。与此同时，诸多发达国家的高校图书馆已经对外开放了，社会人士与高校的教师、学生在应用高校图书馆的权利上也是平等的。

（二）高校图书馆社会化服务是由公共产品的属性决定的

对公共产品的定义，萨缪尔森在《公共支出的纯理论》中的解释为：纯粹的公共产品指的是，当所有人消费这样的产品的时候，不会降低别人对此产品的消费。② 萨缪尔森对公共产品的定义与公共所有资源是不一样的。公共产品指的是，所有人对它的消费不会将他人对它的消费降低。因为其固有的一些特征，公共产品若是提供出来了，生产者对不对其付费的一些消费者排斥不了，抑或是它具备较高的成本，无法排斥，私人收益及社会收益的不对称性出现了，所以，私人生产公共产品的激励也就没有了。此时，政府自然成了提供公共产品的人。

换言之，纯粹的公共产品能够这样定义：与此同时，非排他性和非竞争性的产品也都存在，然而，对于私人产品而言，排他性和竞争性的产品是共同具有的；但是，准公共产品的定义则是，具备非排他性抑或是排他性的产品。简单来说，准公共产品是公共产品和私人产品之间的一种社会产品。准公共产品

---

① 刘亦伟．试论高校图书馆社会化研究 [J].赤子：上中旬，2015（21）：194-195.
② 高艺方．论知识的专有性和作为公共产品的社会性的关系 [J].法制与经济，2011（1）：21.

是一种混合产品，是公共产品和私人产品的特征都具备的混合产品。

（三）高校图书馆社会化服务是自身发展的要求

图书馆的藏书要想实现最大价值，就要提升利用率。只对本校师生提供服务是传统高校图书馆的办馆思路，但是，在科学技术飞速发展的今天，一味地墨守成规，不打破传统思维，高校图书馆的发展必然会跟不上时代的脚步，慢慢地，会与社会脱节甚至被社会淘汰。因此，高校图书馆要做到与时俱进，敞开大门对社会开放，把自身的发展融入整个社会的发展中。这样不但对社会的整体发展有利，而且对高校图书馆自身的发展更加有利。在信息全球化的时代，信息对个人发展的重要性不言而喻，人们的生活已经离不开信息。同样，高校图书馆对外开放已经成为社会发展的必然趋势。

（四）高校图书馆社会化服务是顺应文化体制改革的客观需要

现在，我国图书馆都是多元等级结构体制，再加上各个系统之间相互分割、各自为政，即使在同一系统中也没有形成有力的领导体制，长时间存在各自为政的局面，这样就导致了在文献信息资源共建共享上依旧是小而全、大而全的传统做法。

依据相关学者研究，首先，随着经济社会的发展和人民生活水平的提高，全社会对图书馆事业的需求也在快速增长。我国高校图书馆相较国外高校图书馆而言有很大的发展空间。其次，在图书馆事业中，占资源较多的是我国高校图书馆，但是在资源利用率上不是很理想。如果要解决这样的问题，国家需要从体制上入手，因此提出了改革文化体制的战略部署。高校图书馆事业是我国高等教育事业及文化事业的重要组成部分。因此，国家要统筹高校图书馆、公共图书馆及其他图书馆，从而建立新的体制机制，把图书馆的资源都盘活起来，推动其事业的繁荣和发展，满足人民群众的文化生活需求。在文化大发展大繁荣的历史时期，高校图书馆社会化服务是顺应国家文化体制改革的客观需要。

（五）网络环境加速了图书馆社会化的需求

现代化的高校图书馆都具备了良好的网络环境。网络环境下的图书馆其实就是社会化的图书馆。高校图书馆应用网络技术，意味着跳出了固定的服务场所，打破了馆舍、地域的限制，建立了辐射型的开放服务体系。通过局域网和互联网，图书馆可以成为全球网络中的一个节点，可以直接向任何一个网络终端提供信息资源，一些图书馆可以组建联盟，实行馆际互借和全文传递，突破了馆舍及单位、行业、物理空间和地域的限制。这一改变使图书馆服务对象的概念超越了传统的读者范畴而具有了明显的社会化特性。

（六）面向社会服务是高校图书馆的发展趋势

在国外，高校图书馆很早就有"没有围墙的大学"之美誉。法国著名的图书馆学家诺德指出："图书馆应当向一切研究人员开放。"高校图书馆浓厚的学习氛围、丰富的馆藏资源，不仅是推动全民学习、建设"学习型社会"的场所，还是社会公共服务体系建设的组成部分。高校图书馆应当为社会大众敞开大门，提供良好的服务。要创建节约型社会，首要的是提高资源的利用率。高校图书馆具备非常丰厚的资源积累，却没有被充分利用，其资源优势不能得以充分发挥。据调查，高校图书馆文献资源利用率普遍偏低。由此可见，高校图书馆在满足教学和科研需求的同时，完全有能力兼顾社会公众的需求。使用图书馆的人越多，其发挥的作用也越大。从这个方面来说，高校图书馆面向社会服务是一种发展趋势。

印度著名图书馆学家阮冈纳赞的图书馆学五定律指出：图书馆是一个不断生长着的有机体。图书馆的存在、运行和发展的出发点，是让所有读者不管在什么时间、地点都可以使用所有图书馆的资源。图书馆的最大目标是追求文献资源利用率的最大化。但是，从最近几年高校图书馆的发展状况来看，尽管环境有所改善，资源也更加丰富，同时提升了利用率，但是，这只是从纵向进行对比的。若是从横向对比，不管是人才、设备及文献信息资源，都不能达到最大化的利用率，甚至有的文献一直被留置在书架上无人问津，然而社会用户对此有特殊的需求，因此浪费了很多资源。特别是在高校的寒暑两个假期，大部分学生回家了，图书馆的文献资源就空闲了下来。图书馆可以把这个时期高效利用起来，集中向社会开放，把文献的利用率提升上去，同时有利于促进图书馆自身的发展，具体表现在以下几点。

第一，服务教学科研能力通过服务社会化得到有效提升。高校图书馆最基础和基本的两项功能就是服务教学科研。服务社会化的职能仅仅是将以上两项职能进行了延伸。然而，社会服务职能的发挥又对服务教学科研的发挥起到一定的促进作用。

第二，图书馆发展中的瓶颈通过服务社会化将得到破解。进行社会化服务将图书馆的资源利用率提升了，同时资金来源也增加了。

第三，高校图书馆及其工作人员的自身价值通过服务社会化有所提升。高校图书馆在服务社会的时候，提高了图书馆的声誉，对高校图书馆知识库、智囊团的良好形象进行了重新塑造，体现了图书馆资源、人才和设施等优势，切实履行了社会责任。与此同时，在公共文化服务体系与校办产业发展中发挥了作用，体现了自身价值。高校图书馆的工作人员在社会化服务中增强了自己的本领，也增加了收入。

高校新建的校区很多在城市的边缘地带，学校周围多是厂矿或乡村。这些企业和乡村又急需科学文化知识和实用技术信息，高校图书馆正好具备了这种传授知识、提供信息的人力、资源和技术，可以及时向周边的厂区和村民提供其所需的知识和信息。

综上所述，高校图书馆及其工作人员通过社会化服务体现了其潜在价值，与此同时，他们的荣誉感与自豪感也会随之增强，这对高校图书馆的科学发展将起到非常重要的作用。

二、高校图书馆社会化服务的可行性

（一）丰富的馆藏资源

随着高等教育社会地位的逐步提升，国家也加大了对高等教育的投入力度。在我国，高校图书馆在馆藏量、人才队伍、服务功能等方面的发展空间都非常大。

在我国，高校图书馆相比公立图书馆而言，其文献资源是非常丰富的，将各专业领域、学科领域的有关信息资源整合到了一起。在信息资源的专业广度与深度上，所有高校的图书馆根据自身独有的特性，有着其他图书馆所没有的优势。与此同时，随着信息技术的发展，大数据时代的来临，电子文献资源的引进，高校图书馆信息资源在存储形式上因为全文数据库的完善及数字图书馆的建设而逐渐丰富，信息资源服务也更加便捷化。

（二）专业的人才队伍

高校图书馆的服务人员是连接图书馆和读者之间的桥梁，所以需要具备高素质与高学历，他们大多是从情报学专业、管理专业、图书馆学专业毕业的。在很大程度上，高校图书馆岗位对服务人员的岗位要求是：需要具备一定的计算机网络技术，便于更高效地开展文献检索工作，同时，相应的信息资源分析整理能力也要具备，还有就是为了更好地阅读和分编外文文献，需要具备较高的英语水平，还有一些岗位为了给读者提供深层次的专业服务，要求服务人员是某一学科领域的专家，能够给读者提供更加专业的服务。

高校图书馆服务的另一特色是提供用户教育，从而对图书馆馆员的教学能力提出了新的要求。随着大数据时代及知识经济时的到来，每时每刻都在更新和生成信息资源。对于图书馆的服务人员而言，他们的工作重点是提供信息服务，因此要树立终身学习的理念，不断拓展知识视野，同时，其知识结构也要进一步更新，方能做到与时俱进。高校图书馆的服务人员都具备较强的工作服务能力、综合素质、信息意识，包括构建终身学习的理念，进而形成了独具特色的专业人才队伍。高校图书馆的服务人员在提供科研信息及教学服务上都比较熟练，经验也非常丰富，在一定程度上，可以说是有些浪费人力资源。因此，专业人才队伍的专业能力与潜力的发挥，从校内向校外进行扩展，可以把他们的个人价值更好地体现出来，进而也能发挥出社会价值。这样，不仅是将个人的才能充分利用起来的问题，社会效益也是非常值得思考的。

（三）良好的学术氛围

高校作为学术中心，其自身的学术资源特别丰富且尖端，师资和信息资源都涵盖在内；同时，良好的学术氛围也是公共图书馆所没有的特征。依据有关调查研究资料，公共图书馆和高校图书馆相比，校外的读者更倾向于后者。最根本的原因是，后者具备良好的学术氛围。对于提升高校学科水平、建设学科队伍、培养学科人才，学术文化氛围是重要的基础。这对于高校教学和科研的发展有着潜移默化的作用。对于校外的读者来说，学术氛围也是非常重要的。学术氛围作为一种软环境，对读者可以起到春风化雨、润物无声的重要作用，对社会大部分人增长知识起到一定的帮助作用，可以使人更好地进行思考和创新，营造全民共同学习的氛围。高校图书馆应将自身具备的独特优势充分发挥出来，积极营造学术氛围。同时，学校内的教师和学生，以及学校外的社会人士，可以通过社会化服务，在和谐的学术氛围的熏陶下，传播、运用并创新知识。

第二节　高校图书馆社会化服务的优势

高校图书馆随着我国高等教育事业的持续健康发展而营造出了良好的环境。在高等教育中，高校图书馆的作用逐步被认可，其社会化服务优势也越发明显。

一、文献资源优势

（一）高校图书馆经费投入稳定

我国的公共图书馆与高校图书馆相比较，它们的经费来源是不一样的，前者的经费源自国家财政对文化方面的投入，后者的经费源自国家对高等教育事业的投入。

（二）高校图书馆文献资源数量庞大

因信息社会的发展，在信息资源的需求上，相关部门都普遍加大了投入。由于公共图书馆没有充足的资源，无法满足社会用户的信息需求，而高校图书馆的藏书随着高等教育事业的发展得以快速增长。公共图书馆和高校图书馆的藏书各具特色，而资源也具备交叉和互补性。

公共图书馆是面向社会公众开放的图书馆，对国家政治、经济、科学、文化、教育事业的发展起到一定的促进作用，同时，在全民科学文化水平的提升上也起到重要作用。与其他类型的图书馆相比，公共图书馆更加贴近普通读者，对他们而言，公共图书馆产生着比其他类型图书馆更加有效的教育作用。公共图书馆的任务是：传播文化和普及知识，文化程度、年龄、阶层及类型不同的读者是其服务对象。这样的服务对象决定了馆藏的综合性，也就是有非常广泛的藏书学科。藏书内容关联到的学科很多，且等级和类型也多种多样，对知识的普及性非常重视。针对藏书质量而言，因为公共图书馆在购书上会限制经费，藏书均是经过数十年的积累而呈现出来的结果，所以有很多图书已经过时。

高校的信息中心即为高校图书馆，其任务是为高校教学和科研提供信息保障，从而决定了其馆藏的高质量性和丰富性，并且要依据高校所设置的专业，全方位且系统地对国内外水平较高的基本理论著作进行收藏，同时，也要多收集相关边缘学科书刊。高校图书馆的馆藏文献知识门类非常全面，有很强的专业性，有充足的电子资源，如丰富的电子版书刊与外文文献；馆藏也具备稳定性与连续性；入藏的重点也倾向于研究性与学术性，同时具备很高的情报价值；专业领域技术成长与发展的全过程体现了出来，也展示了国内外最新的学术动态与科技水平。高校管理部门保障高校图书馆的购书经费，加之最近几年高等学校的新增、兼并和扩建，增加了图书馆的新书数量。因此，对整体而言，高校图书馆和公共图书馆相比，无论藏书数量还是质量，高校图书馆的都比公共图书馆的要优质；同时，在收藏学科文献和研究性文献上，高校图书馆具备特别优越的条件。

在文献上，公共图书馆与高校图书馆的建设具有各自的特色，同时，在资源的数量和种类、服务水平和层次上都具备良好的协调性及互补性。公共图书馆信息服务能力的欠缺可以通过高校图书馆进行补充，从而使社会用户的信息服务需求得以满足。

二、技术优势

开发和利用图书馆物质资源的必要手段是图书馆技术。文献资源可以通过先进的技术手段进行深层次的开发和利用，从而高效体现出信息资源的价值。从目前来看，当代图书馆管理和服务创新发展的主引擎和推动力是技术；图书馆管理，以及服务的时间、空间等出现了无限扩大及完善的可能。高校图书馆的技术优势在自身的核心技术、信息设施及网络技术的应用上都有所体现。

（一）信息设施与网络技术优势

维系图书馆的信息资源和用户的信息需求的重要媒介是信息设施。信息设施为图书馆信息资源体系的构成、维护、发展、开发提供了支撑条件与环境，在用户使用上也给予了很多的便捷性，在管理图书馆方面也提供了物质基础。

随着信息技术的发展及政府对教育投入的加大，目前高校的计算机、通信、信息数字化、网络及多媒体等技术都已经普及。与地方公共图书馆相比，高校图书馆的整体建设信息化水平比地方公共图书馆要高，同时，其自动化、系统化及集成化也已基本实现。今后，文献资源也将向数字化方向发展。高校图书馆已经具备了相对先进的信息服务设施，并且应用现代信息技术与设备进行信息服务工作。特别是中国教育及科研计算机网络（CERNET）的建设与开通，使高校图书馆信息服务的社会化有了完善的网络条件。

（二）图书馆信息服务的核心技术优势

高校图书馆的信息资源优质，其网络及文献信息资源都需要组织、加工和处理，把无序的信息转化为有序的信息与知识资源之后方能提供应用，而此过程与图书馆的核心技术息息相关。如果有较强的技术，一定会在信息资源的组织、加工上体现出特色，并且体现出很强的信息资源组织能力和开发能力，进而，优化特定信息资源和提供特色信息服务的目的就都达成了。

在全球范围内，计算机、通信、信息数字化及网络等信息技术的快速发展和大范围的使用，客观上为现代图书馆的发展提供了现实的网络信息环境和强大的服务平台。高校图书馆拥有先进的信息化基础设施、完善的信息管理系统。高校图书馆专业的信息管理人才掌握着信息开发与服务的核心技术，能够运用现代信息技术，对零散、无序、混杂的信息进行筛选、解构和整合，使之有序化，实现知识增值。经过对大量信息的鉴别、比较、归类、综合、分析和研究，形成满足社会需求的特色信息产品。

三、人才优势

文献及技术的优势最后需要依靠人才方能发挥出来，而且设备的利用、技术的更新和多种管理方法实行效果的好坏也取决于人才。图书馆能不能提供优质的信息服务，人才起到关键作用。在高校图书馆信息服务的社会化过程中，人才优势起到决定性作用。

为高校教学与科研服务的学术性机构是高校图书馆。高校图书馆整体员工素质与公共图书馆相比相对较高，同时具备相对明显的人才优势。最近几年，高校图书馆的工作人员很多是毕业于图书馆学、情报学和相关专业的人才，组成了一支高素质的图书馆专业队伍，在信息服务和处理、科学研究、资源管理等方面的实力较强。[1] 相较于公共图书馆，在学科结构、人才学历结构、职称结构等方面，高校图书馆都有着很大的优势。与此同时，高等学校这样的特定环境，对图书馆工作人员的再学习、知识的更新也起到一定的帮助作用。

更重要的是，高级知识分子都汇集在高等学校，形成较强的科研队伍，具备各种学科专业及层次的教学和科研人员，其中大多数人具备为企业和社会服务的工作经验，是高校图书馆服务重要项目可以利用的智力资源，特别适合给社会上的用户提供团队化知识服务，也就是高校图书馆和校内专家们共同把团队组织起来，把特定的知识服务提供给企业或者是政府相关用户。有诸多著名的专家和教授都在高等学校，他们的科研实力都非常强，并且获得了很多丰硕的科研成果。这些对于高校图书馆而言，是其社会化服务能够借助的科技力量。

四、服务优势

随着社会的发展，急需信息机构提供全面的信息服务。在公共图书馆缺乏

---

① 姚志伟.高校图书馆为社会服务的几点思考[J].大学图书情报学刊，2006（4）：85-87.

网点及服务能力方面，高校图书馆信息服务社会化适当地对其进行了补充，有效缓解了公共图书馆信息资源不足和社会大众对信息需求增长之间的矛盾。

高校图书馆的信息资源优势、先进的信息化基础设施、完善的信息管理系统和高素质的人才队伍都非常强，因此，高校图书馆具备了专业性较强的信息资源组织和开发能力，为高校图书馆面向社会开展信息服务奠定了坚实的基础。特别是实现信息资源共享和先进的网络设施，将高校图书馆信息服务时间最大限度地延长了，且信息服务的广度和深度也进一步得到拓展。在长期服务教学和科研工作的实践中，高校图书馆积累了较为丰富的业务经验，培养出了许多高素质的专业化人才，构成了一支文献信息处理能力与科研能力很强的专业队伍。因此，目前高校图书馆在数据库建设、网络信息导航，以及信息的检索、识别、研究和利用上都具有一定的优势。

高校图书馆的服务优势还体现在高校图书馆充分利用自身的资源优势、技术优势和人才优势，适应社会读者的需求和高校自身发展的要求，构建和形成特色明显的信息服务产品、信息服务平台、信息服务机制、信息服务内容及信息服务方式，形成了良好的与社会用户合作共赢的关系。

五、社会信誉优势

良好的图书馆形象具有吸引作用，包括劳动力吸引、读者群吸引、资金吸引、市场吸引等。高校图书馆的形象一旦建立起来，能够激发读者向往高校图书馆的心理，引起社会性的连锁反应并创造应有的社会价值。同时，可以使高校图书馆服务活动在更高的层次上和更广泛的范围内实现最佳效益，可以使图书馆为读者、为社会服务的活动变为连续不断地提高效益的过程。[①]

在城市文化品位与人文环境的提高上，高等学校起到一定的影响作用。高校图书馆作为知识与人才的殿堂，有着完善的硬件设施和优雅的环境、浓厚的学习氛围与人文气息，从而形成独特的、优良的图书馆文化，具备良好的社会形象。高校图书馆有着非常丰富的信息资源、高素质的工作人员、浓厚的科学文化氛围，且所提供的文献信息专业性强、质量高并具有权威性。高校图书馆的主体读者群素质相对都比较高，因此，相对应的服务也是高质量、高水平的。高校图书馆作为高校最重要的教辅机构，其最主要的任务一直都是满足读者的需求，同时，通过自身的努力，在长时间面对教学、科研人员的服务工作

---

① 程娟.地方高校图书馆核心竞争力研究[M].北京：中国水利水电出版社，2009：122.

中，追求良好的服务效果，进而树立良好的服务形象，因此在社会上享有较高的信誉。

相对而言，高校的人才是非常密集的，拥有很多的教授和专家，在智力资源上有很明显的优势。如此一来，高校图书馆在开发高层次的信息资源上具备一定的权威性。

高校图书馆在信息资源、人才资源和技术资源上的优势是其他信息服务机构不能与之相比较的。基于这几大优势，高校图书馆信息服务肯定会有非常出色的信誉优势。高校图书馆凭借其社会信誉优势在本地立足和服务，具备了情感与地缘优势，为高校图书馆信息服务社会化提供了便利条件。

六、地域优势

高等学校所分布的地区非常广泛，除了分布在中心城市、省会城市外，有一些分布在地市级中等城市，更为贴近经济、社会发展的前沿部位。大部分地方的高校是应用型大学，具备直接面向当地经济建设与社会发展服务的地域优势，成为地方经济和社会发展的人才培养基地、科学研究中心和智力服务的辐射源，为地方经济和社会发展提供了强有力的、不可替代的智力支撑，其地方性、乡土性的特点又使其在科学研究和社会服务方面体现出更多的实用性。

地方高校图书馆由于所属院校的地方性及所在区域环境的特性，社会化趋势更为明显，与其所依托的地方高校一样，必然成为区域社会系统中的一个组成部分。积极主动地投身于社会经济建设，充分发挥图书馆在社会经济建设和文化教育事业中的独特作用，是高校图书馆应承担的历史使命。

中心城市、省会城市是一个地区的政治、经济、文化中心，具有人口密度高、人口流量大、交通便利的特点，是人流、物流、资金流的重要集散地，自然也是信息流的重要集散地。各项社会事业的发展对各种信息有着巨大的需求，而社会对信息服务尤其是高层次信息服务的需求相对较大。这种多层次的、旺盛的社会信息需求，仅仅依靠公共图书馆的力量是无法满足的。位于中心城市、省会城市的高校图书馆在信息服务社会化方面大有可为。

近年来，已有多座高校图书馆充分发挥地域优势，在服务"三农"、建设社会主义新农村方面做了许多有益的尝试，取得了良好的社会效益和经济效益。例如，西北农林科技大学图书馆组建农业科技信息示范基地，建立信息通道，实施农业信息推送服务，建设科技信息中心服务网站，推进农业科技信息服务网络化；河北科技大学图书馆积极参与"农家书屋"工程建设；华北水利水电学院图书馆开发研制"万名科技专家服务'三农'活动数据库";河南农业大学图书馆开发建设"小麦文献专题数据库";河北农业大学图书馆开发建立"枣研究数字化平台";湖南科技学院图书馆、湖南农业大学图书馆为当地农村经济建设提供多样化的信息服务;等等,均取得了良好效果。

七、合作竞争力优势

高校图书馆信息服务社会化的合作竞争优势来自教育部高等学校图书情报工作指导委员会(简称高校图工委)的协调、咨询、研究与指导,中国高等教育文献保障体系的建设及各种高校图书馆联盟的建立。

高校图工委秘书处挂靠在北京大学,是一个虚体的专家组织,五年一换届,主要发挥协调、咨询、研究和指导作用。高校图工委的委员由全国遴选的高校图书馆馆长组成,全部都是在管理和专业研究方面有影响、有代表性、有号召力的专家。

高校图工委作为教育部领导下的辅助教育部对高校图书馆发挥协调、咨询、研究和指导作用的组织,在《普通高等学校图书馆规程》的修订、文献资源建设、计算机应用、队伍建设、用户培训、期刊研究与协调等方面较好地发挥了它的职能,增强了高校图书馆的整体感与归属感,使高校图书馆在互动中分享经验、开阔眼界、更新观念、加强合作、激发竞争,为高校图书馆的互励互助、共同繁荣搭建了平台,创造了条件,推动了高校图书馆的发展。[①]

中国高等教育文献保障系统(简称CALIS)是经国务院批准的我国高等教育"211工程"总体规划中三个公共服务体系之一。作为国家经费支持的中国高校图书馆联盟,CALIS的宗旨是:在教育部的领导下,把国家的投资、现代图书馆理念、先进的技术手段,以及高校丰富的文献资源和人力资源整合起来,建设以中国高等教育数字图书馆为核心的教育文献联合保障体系,实现信息资源共建、共知、共享,以发挥最大的社会效益和经济效益,为中国的高等教育服务。

CALIS及CADLIS不仅是大型的科研性、服务性项目,还是高校图书馆联盟,其在数字资源的集团采购、数字图书馆应用人才的培训等方面都发挥着十分重要的作用。CALIS管理中心动员、组织各高校图书馆,每年发起外文电子

---

① 中国图书馆学会,国家图书馆.中国图书馆事业发展报告(2007)[M].北京:国家图书馆出版社,2008:50.

数据库的集团采购活动。通过集团采购，大馆节省了经费，扩大了电子资源的学科覆盖面，提高了在区域资源共享体系中的服务能力和影响力；小馆获得了以一馆之力无力购买的核心资源，提升了数字化服务水平。除了 CALIS 组织的集团采购，湖北、江苏等省的图工委也组织过本省的高校图书馆进行集团采购。近年来，集团采购已经成为各高校图书馆在购买数字资源时的常规性做法，在节约经费、扩大资源方面发挥了极大作用。

如果说教育部高校图工委的作用是从政策上、组织上把全国高校图书馆联合起来，那么中国高等教育文献保障体系则是从项目和实践上把高校图书馆联合起来，开创了高校图书馆事业的新局面。

随着信息环境的不断变化，高校图书馆往往借助外部资源来增强自身的优势。除 CALIS 外，各种高校图书馆联盟也应运而生，如天津市高校数字化图书馆、北京市高校网络图书馆、河北省高等学校数字图书馆联盟等；浙江、广东、海南、四川、陕西、河南、湖南等各省级高等教育文献保障系统也正在运行或筹建当中，所有这些都为高校图书馆信息服务社会化创造了有利条件。

第三节　高校图书馆社会化服务的重要意义

一、有利于满足日益增长的文化需求

当人们解决了温饱问题，物质生活水平达到一定程度之后，人的需求就会出现变化。1943 年，美国学者马斯洛在《人类激励理论》中提出了需要层次理论。他认为，人类有很多种基本需求，如同阶梯一般从低到高按层次分布，最低层次的需要是生理需要，当得到满足以后，会出现更高层次的安全需求、社交需求、尊重需求、自我实现需求等。

自中华人民共和国成立以来，在国家全面实现小康社会的政策指导下，温饱问题早已解决，人民群众对精神文化方面的需求日益增长，他们需要更丰富的精神文化生活与最新的科学文化知识。图书馆作为保存人类文化、传承人类智慧、汇聚文化与知识的宝库，拥有庞大的信息资源，这对于群众满足自身文化需求而言是最理性的场所。提升群众文化素质是我国建设公共文化服务体系的宗旨和最终目的，两者不谋而合。

二、有利于加强高校图书馆自身建设

近几年，随着政府不断加大对高等教育的关注与投入，我国高等教育事业取得了巨大的成果，高校图书馆也得到了长足的发展。与此同时，公共文化服务体系建设也对高校图书馆提出了更高要求。政府在公共文化服务体系建设中出台了诸如图书馆新时期建设的目标要求等许多新的政策。对于高校图书馆而言，这些目标要求有助于图书馆面对新的形势，不断提升自身的建设水平。

三、有利于学习型社会与和谐社会的创建

随着逐渐深入的终身教育观念，大众对图书馆的需求也受到很大影响。高校图书馆作为文献信息资源集散地，馆藏资源非常丰富，网络资源也非常方便、快捷，同时具有信息服务功能的优势，因此成为传播知识最为重要的场所，并具备文献、数据的检索功能。高校图书馆作为社会科学文化教育机构，其开放性对形成"全民学习"的风气起到一定的帮助作用，让社会成员的社会竞争能力和综合素质有所提升，同时，为大众的个人发展和学习创造了有利条件。

与此同时，作为文化教育事业的重要组成部分，高校图书馆可以带动以大众文化为基础的文化经济产业快速发展，加速建立学习型社会的进程，促进社会的和谐进步。高校图书馆应将自身的知识辐射作用充分体现出来，将自身的发展和文化繁荣及社会进步相连，从而有效缓解公共图书馆的压力，提高社会公众的学习能力及兴趣，提升市民们的综合素质，在公共文化服务体系的建立及书香社会氛围的营造上做出贡献。这样一来，高校图书馆的社会化服务就有了延伸、深化和升华的新空间。

四、有利于提升高校图书馆的影响力

高校图书馆有针对性地开展社会化服务，可以把大学优秀的智囊团充分利用起来参与服务合作项目，提供信息服务和知识服务，使图书馆的资源可以为社会服务，为社会的发展贡献自己的一分力量。比如，高校图书馆可将寒暑假的时间充分利用起来，与大学生联合将一些类似于"科技赶集""送书下乡"的活动开展起来，开办实用的科技培训班，编印易理解、合适的科技信息资料等，把一些图书资料捐赠出去，提升农民的致富能力及科技文化素质。

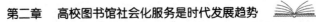

　　高校图书馆也可以积极参加所在地区的发展计划。这样一来，首先，社会对高校和图书馆的支持与认可度提高了，对其声誉和发展契机的提升也能起到一定的帮助作用，能够进一步将高校和地方的融合推动起来，将高校图书馆的资源辐射力及社会影响力提升上去，创造良好的社会效应；其次，对图书馆工作人员扩大知识面也起到一定的促进作用，提升了他们与社会合作的能力，不空想，求实干，工作上增加了生机与活力，增强了图书馆馆员的参与意识、成就感和责任心，优化了工作效率，从而达到更好地为学校、为社会服务的目的。

第三章

高校图书馆社会化服务概述

第一节 相关理论阐释

高校图书馆作为社会大系统中的一个子系统，与社会系统相互联系、相互依存、共同发展。基于此，本节从组织行为学理论、公共产品理论、公共服务供给理论、社会认同理论、文化权利理论、图书馆公平理论和非营利组织的社会作用理论七个方面，对高校图书馆开展社会化服务的理论基础进行详细解读。

一、组织行为学理论

组织行为学是研究在组织中，以及组织与环境相互作用中，人们从事工作的心理活动和行为反应规律性的科学。系统管理学派关于组织理论的主要观点之一是组织是一个人造的开放系统。组织不是单独存在的。为了求得生存和发展，组织必然要与外界相互作用与相互影响，即组织在不断输入人力、物力、财力及信息等环境资源的同时，也在向环境输出各种产品和服务等组织资源。[①]

高校图书馆作为一个社会组织，具有明显的组织特征和社会特征，除了本校这个小环境外，它必然会与社会大环境相互联系、相互影响。对高校图书馆而言，社会大环境是不可控和不确定的，所以它必须具有超前意识，迅速识别出社会变化给高校图书馆带来的影响，主动适应社会环境的要求来开展服务项目，得到社会主体的认可、支持和肯定，从而寻求和把握自身生存与发展的机会。同时，社会环境是高校图书馆赖以生存的土壤。离开了社会的需要，高校图书馆便失去了存在的意义。高校图书馆之所以能在社会中存在，是因为承担着一定的社会功能，为解决社会问题提供信息知识服务。

目前，随着公众对信息的需求越来越多，要求高校图书馆开放的呼声越来越高。一系列政策、会议、宣言也体现了国家和政府对高校图书馆开展社会化服务的重视程度。作为各类图书馆和社会系统中的一员，高校图书馆也应该积极响应号召，把为社会大众服务作为自己义不容辞的责任，充分利用自身优势和条件，促进社会进步。

---

① 何跃 . 组织行为学 [M]. 重庆：重庆大学出版社，2012：229.

二、公共产品理论

公共产品理论是新政治经济学的一项基本理论，也是正确处理政府与市场关系、政府职能转变、构建公共财政收支、公共服务市场化的基础理论。根据公共经济学理论，社会产品分为公共产品、准公共产品和私人产品。萨缪尔森认为：公共产品是每个人消费这种物品或劳务不会导致别人对该种产品或劳务消费的减少，具有消费的非竞争性和受益的非排他性。[①] 而私人产品指的则是一个人对这种产品消费后，其他人便不能再次消费的产品，具有排他性、竞争性的性质。[②] 准公共产品指的是介于公共产品和私人产品之间的、兼具部分公共产品和部分私人产品性质的某类产品。现实生活中，诸如医疗服务、非义务教育及某些需要付费使用的基础设施等，均属于准公共产品。[③] 据此，具有有限的非竞争性和局部的排他性的产品就是准公共产品，它存在"拥挤点"，所有人一起享用可能造成拥挤和容量短缺。

根据这一理论可知，高校图书馆的硬件设施、文献资源和信息服务都具有明显的准公共产品属性。具体来说，在一定的接待规模和服务能力之内，高校图书馆的纸质资源和数字资源具有重复使用和多人使用的特点；高校图书馆建设和运作的经费主要来源于国家财政拨款和学生缴纳的学费，最终都是社会纳税人的钱。这说明，高校图书馆的资源和服务是一种准公共产品，具有社会性和公益性。刘太刚认为：准公共产品的本质属性是其社会性，即以社会公平为基础来实现社会成员的共同需要，进而实现社会稳定和社会发展的目标。作为公共文化服务体系的一部分，高校图书馆应积极履行自身的社会职能，承担应有的社会职责，为社会大众提供接受再教育的场所和查找信息资源的知识宝库，拉近与社会读者的距离，使其对高校图书馆产生一种亲近感，从而实现自己的社会价值。

三、公共服务供给理论

公共服务供给是公共行政管理研究的核心主题。公共服务供给理论有着悠

① 吴仲平，周公旦.公共产品理论视角下公共图书馆社会合作路径选择[J].图书馆，2010（10）：20.

② ［美］克鲁格曼.克鲁格曼经济学原理[M].北京：中国人民大学出版社，2012：259.

③ 陈其林，韩晓婷.准公共产品的性质：定义、分类依据及其类别[J].经济学家，2010（7）：13-21.

久的历史，引导着公共服务供给实践不断向前发展。实际上，公共服务供给的主线就是公共服务具体供给方式的演变与发展，一直有一个不断深化的过程，即从最初的政府供给论到多元主体供给论，再到多中心供给论。①

为社会公众提供公共文化服务是政府的重要职责和义务，因而政府应当予以保障。但是，这并不意味着政府是唯一的供给主体，因为政府难以准确了解公众的真实偏好和满足多元化的社会需求，应积极鼓励支持其他文化类机构参与地方公共文化服务，有助于提升资源供给的效率，提升服务层次和质量。因此，公共服务多元供给理论为高校图书馆开展社会服务工作提供了理论依据。图书馆能根据理论的精华设计自己的社会化服务模式。于是，高校图书馆面向社会提供服务首先应与各方协同合作，如公共图书馆、文化馆、博物馆、政府、企业、社区、行业协会和学会等，构建一种多方参与的公共服务联合供给机制，充分发挥参与各方的优势，实现功能上的互补与合作，以便能够开拓多样化的社会化服务项目；深度发掘学校及图书馆馆藏资源和优化整合网络信息资源，并把这些资源推出图书馆、推向社会；另外，还可以通过建立各类型、各层面的图书馆联盟及校地共建图书馆的方式，以低成本实现共建共享，最大限度地满足公众对信息服务的需求。

四、社会认同理论

社会认同，也可称之为社会同一性。塔杰菲尔将社会认同定义为："个体认识到他（或她）属于特定的社会群体，同时也认识到作为群体成员带给他的情感和价值意义。"② 随着社会认同理论的发展，其应用范围也逐渐扩大，不同学科领域给予其不同的内涵。国内的李友梅教授从以阶级认同为轴心的社会认同体系的角度出发，将社会认同定义为"社会成员共同拥有的信仰、价值和行动取向的集中体现，本质上是一种集体观念"。③ 这个理论告诉我们，一个社会组织的发展如果得不到社会成员的共识和好评，那么它就失去了组织存在的合理性。

高校图书馆作为知识信息的积聚传播和社会教育中心，承担着服务地方经济、促进社会发展的重任，其社会价值和社会作用必须获得人们的认同、鼓

① 叶响裙.公共服务多元主体供给：理论与实践 [M].北京：社会科学文献出版社，2014：31.
② 张莹瑞，佐斌.社会认同理论及其发展 [J].心理科学进展，2006，14（3）：475-480.
③ 孙文坛.国内社会认同理论研究述评 [J].学理论，2012（7）：99-101.

励和支持，才能广泛开展社会化服务。因此，高校图书馆首先要充分运用网站、微博、报纸等多元媒体，广泛宣传社会服务工作的方法、措施，以及提供的各种服务项目、资源，加强舆论引导，营造良好氛围，让社会大众认识和了解高校图书馆及其社会服务，拉近他们与高校图书馆之间的距离，使他们能切身感受到社会服务为其带来的好处和实惠，从而提高其参与社会服务的积极性和主动性，充分发挥社会服务的社会效应，真正实现社会价值。另外，高校图书馆还要从加强社会服务意识、设置专职部门、丰富馆藏资源、加强馆员队伍建设、应用先进技术、开展多元化服务等多个方面给予保障，提升社会服务质量，以提高社会大众对图书馆服务的满意度和认可度。

五、文化权利理论

文化权利的概念早在《世界人权宣言》和各种国际公约中得到了多方面的阐述。一般来说，文化权利是指人们通过文化活动获得利益的权利。简言之，文化权利就是人们"文而化之"的权利，就是获得文化利益的权利。这里的文化利益，包括接受教育、修身养性、愉悦自我、展现自我、实现自我等个体性利益，还包括尊重同质或异质文化及其遗产、维护集体信仰、维护共同体利益、维护民族自尊、维持良好社会（伦理）关系、保持文化多样化等社会性利益。可见，文化利益涉及人类生存与发展的方方面面。从文化权利的基本内涵来看，接受教育、参与文化活动、分享和交流文化发展成果、文化创造成果的法律保护、表达自由和信息获取自由的权利，构成了广义的文化权利范畴。[①]

作为公共文化服务体系的一个组成部分，高校图书馆理应肩负着服务社会经济、文化发展的使命，有义务为社会大众提供优质、高效的公共文化服务，保障和实现他们的文化权利，满足他们多样化的文化需求。实践证明：公民的经济、政治和文化权利，是不可分割和相互依存的。公民文化权利的实现可以维护公民平等的阅读权利，实现社会和谐，促进高校图书馆自身发展。这就要求高校图书馆首先从思想上树立资源全民共享的理念，增强主动服务社会的意识，逐步实现向公众完全开放。这种开放性使高校图书馆成为实现社会大众文化权利的一个载体，而在这个载体之内，所有人都可以满足求知欲，实现自身文化权利。

① 蒋永福.文化权利：中国图书馆行业的核心价值[J].图书馆论坛，2007（6）：70-73.

六、图书馆公平理论

公平是人类的社会理想。从古到今，从国外到国内，数不清的思想家和理论家对公平问题进行了深入而系统的论述和研究。从社会管理的视角来看，图书馆公平主要包括信息公平利用和公平服务两个方面。[①] 20 世纪 70 年代，美国图书馆界就开始了有关信息公平的探讨与实践，而我国则开始于 20 世纪 90 年代。

在现代社会中，人们需要不断获取信息来满足其日常生活需求，且信息消费所占比重越来越大。因此，信息公平的实现可以为每一位社会成员平等获取信息提供机会，使每个人的信息权利得到保障，为实现社会民主、经济发展和人民幸福提供了重要手段。作为公共资源的一部分，高校图书馆应在完成职业责任之外，利用自身的各种优势服务社会、贴近公众、共享资源。具体来说，高校图书馆要通过多种文化活动向普通人群普及教育、向大众传播知识，使普通群众可以平等获取信息和接受普遍服务。2005 年，"中国大学图书馆馆长论坛"发表的《图书馆合作与信息资源共享武汉宣言》就明确了"信息资源全社会共享""消弭信息鸿沟""实现信息公平"等理念。[②] 这成为推动高校图书馆向社会开放、实现全社会信息资源公平利用和公平服务的重要力量。

七、非营利组织的社会作用理论

国际上对非营利组织的概念尚没有统一的界定。美国约翰·霍普金斯大学教授莱斯特·萨拉蒙认为，同时具有组织性、非政府性、非营利性、自治性和志愿性五个特征的组织可称之为非营利组织。这一定义目前较为流行，常为人们所引用。[③] 一些学者对西方非营利组织的定义进行了中国化的阐述，他们认为非营利组织是指不以营利为目的而向社会提供公共服务的组织的总称，是指那些有服务公众的宗旨，不以营利为目的，组织所得不为任何个人牟取私利，组织自身具有合法的免税资格和提供捐赠人减免税的合法地位的组织。[④] 非营

① 范并思.图书馆资源公平利用 [M].北京：国家图书馆出版社，2011：159.

② 中国大学图书馆馆长论坛——图书馆合作与信息资源共享武汉宣言 [J].大学图书馆学报，2005（6）：2-4.

③ 黄波，吴乐珍，古小华.非营利组织管理 [M].北京：中国经济出版社，2008：2.

④ 邓国胜.非营利组织评估 [M].北京：社会科学文献出版社，2001：4.

利组织也可称之为第三部门。它的目标通常是支持或处理个人关心或者公众关注的议题或事件，主要特性是它的运作并不是为了产生利益。

随着经济社会的快速发展，社会中的新情况、新问题日益凸显，单靠政府和市场的力量已不能解决众多复杂的社会问题。而非营利组织恰恰弥补了第一、第二部门在解决社会问题上的不足，在解决各类社会问题中发挥着无可替代的作用。例如，公众对知识信息的需求日益高涨，当这种需求不断变化和存在不同的偏好时，高校图书馆作为服务的供应方更适合，也可在一定程度上缓解目前公共服务领域的供需矛盾；社会要求高校图书馆扩大服务范围，面向社会开放的呼声也越来越高。作为第三部门的高校图书馆通过开展社会化服务，既能充分利用自身资源、缓解社会矛盾，又能提高整个社会的文明程度。

第二节　高校图书馆社会化服务的内涵

一、高校图书馆社会化服务的定义

图书馆界将高校图书馆社会化服务的概念界定如下："高校图书馆的社会化服务是指高校图书馆在保证各自主服务对象的前提下延伸向社会公众开放，采取多种形式、多种渠道（有偿或无偿）的文献信息服务方式，以接纳社会公众，允许他们利用图书馆内的各种信息资源，并为他们提供各种信息服务。""所谓高校图书馆社会化服务，是指高校图书馆对社会开放，接纳社会读者和团体，允许他们查阅馆藏信息资料，为他们提供信息服务，直接参与到经济建设和社会发展中去，即高校图书馆打破传统的思维方式与工作模式，把为校内师生提供的资源服务向社会读者开放，最大限度地发挥高校图书馆各种资源的作用。"

从上述概念中可以得出两层含义。第一，要保证本校的正常服务。也就是说，高校图书馆的第一任务是满足本校教师和学生的教学和科研工作，然后再去接收全社会的成员，扩大服务对象。第二，采用多种服务形式和渠道，向社会开放高校图书馆的多种资源。比如，社会用户可以通过网络的形式翻阅查看或者下载自己所需要的电子文献资源，同时，社会读者能够到高校的图书馆翻阅查看各类文献资料库等，从而实现真正意义上的共享图书资源。高校图书馆读者工作功能的社会化，其实就是社会化服务。高校图书馆作为国家信息基础设施的重要组成部分，拥有十分庞大的信息资源，为经济建设提供服务，所以面向社会开放是其未来必然的发展趋势。打破传统服务模式，紧跟时代发展的步伐，是当前我国高校图书馆的任务。因此，高校图书馆为本校教师和学生提供教学服务的同时，应尽最大努力开展社会化服务工作，把自身的优势充分体现出来。高校图书馆社会化服务的目的可以从两个方面进行总结：第一，让社会公共资源得到合理的运用，然后分配社会知识财富，凭借有限的经费产生最大的社会影响；第二，把自身的价值充分利用起来，进而赢得最大的社会支持。对高校图书馆而言，服务社会是其未来发展的必经之路，所以必须承担起终身教育的重任。

与此同时，高校若想开展社会化服务，高校图书馆就需打破传统模式，挣脱只为校内提供服务的思想束缚，向社会提供服务和开放资源，积极加入社会的大环境中。以下是高校图书馆向社会提供服务时需要确定的方面：第一，确定服务范围。为了把资源利用率提升到最大限度，高校图书馆要依据自身条件，努力扩大服务范围，让更多的人受益。第二，确定服务层次。不能差别对待校外读者与校内读者，要做到一视同仁，提供深层次、多层次的服务。第三，确定服务形式与内容。高校图书馆工作人员要根据校外用户的不同需求提供不同形式的服务与内容，持续拓宽自身视野，了解社会的各个方面，在开展社会化服务时应遵守共建共享、循序渐进、校内优先、以人为本等原则，如此才能更好地适应社会各界的需求，而高校图书馆也将发展得更好。

二、高校图书馆社会化服务内涵的嬗变

受服务理念、技术手段等多方面因素的影响与推动，在传统的"数字文献资源服务"的基础上，高校服务的资源类型、服务主体、服务需求、服务方式等都在发生着变化。

（一）资源类型趋于多样化

多媒体资源、期刊资源、数字化的图书资源等是最初的高校数字资源。MOOC 在 2013 年以后得到迅速发展，从而在满足校内师生使用需求的同时，将高校大量的优质课程资源免费向社会开放。随之伴生的是在线学伴、教师等数字化的人力资源。之后，人工智能、虚拟现实、大数据、云计算等技术深入应用，高校还建设了数字化的虚拟仿真实验平台、博物馆、校史馆、档案馆等。这些平台的建设为传播高校文化、普及科学、共同创新等社会服务提供了

强有力的支撑。此外，大部分高校已建成支持多种终端接入、拥有足够带宽的网络环境，支撑着高校数字资源社会化服务体系的运行。现阶段的高校数字资源，其类型已超越"文献资源"的范畴，拓展出了课程资源、场馆资源、科研资源及人力资源等。

（二）服务主体趋向多元化

图书馆拥有馆藏丰富的多媒体资源及电子文献数据库等最初的数字资源。图书馆成为高校数字资源社会化服务的核心主体。但是，随着数字资源的丰富，数字资源分散在多个部门，而不再是集中在图书馆。从此，高校数字资源社会化服务的主体从单一走向多元，如教务部门负责提供课程资源的开放学习服务；宣传文化部门负责提供博物馆、校史馆、数字化档案馆的校外服务；科研部门负责提供虚拟仿真实验平台的共享使用与科研协作服务；信息中心负责提供校园网络资源的接入服务。高校数字资源社会化服务的主体日益多元化，由资源分布的离散性、数字资源类型的丰富性来决定。

（三）服务需求渐趋专业化

高校数字资源社会化服务的主体多元化，在结构上服务客体没有明显的变化，但是服务需求呈现出专业化、个性化的发展趋势。比如，政府机关希望高校图书馆在决策咨询、社会舆情分析等方面提供更具针对性的服务；地方企业、科研机构等希望高校能实现校企、校地资源共享与协同创新，随时随地提供泛在化服务，将文献借阅、信息咨询从"一次性"转向"深层次跟踪"。个人用户希望高校强化信息检索与网络操作技能，通过高效、丰富的数字资源获取科学文化知识与生产技术指导，促进自身发展，提升岗位适应能力。随着服务客体需求的发展变化，高校数字资源社会化服务逐渐分化出科研创新服务等新型服务，同时，文献借阅服务、信息咨询服务、知识传播服务的内涵得到进一步拓展。

（四）服务方式渐趋个性化

数字资源社会化服务相较于传统的图书、期刊借阅，拥有更高效、便捷、迅速的特点。高校数字资源社会化服务目前常见的方式如下：以高校授予的权限和相应的服务约定为基础，用户注册、登录数据库直接检索、下载所需要的文献；由高校图书馆依据用户需要提供服务；高校建设的虚拟仿真实验平台、数字化场馆、在线课程等，让用户可以限制性访问或自由访问，再由在线教师或学伴等提供相应的服务。在数字资源日益丰富、移动终端越来越普及的背景下，不少高校依托官方微博、微信公众号、手机 App 等，及时发布资源信息，定期了解用户的需求，并根据用户需求提供针对性的数字资源服务，形成了 RSS 信息订阅、手机短信告知、虚拟参考、My Library 系统等多种个性化服务方式。①

第三节　高校图书馆社会化服务的相关背景

最近几年，随着国家加大力度投入教育，高校图书馆通过图书馆自动化基础管理平台、海量存储平台、电子资源平台、信息资源加工平台、信息传递（包括网络、网站、数字化参考咨询的建设）平台，以及管理、通信、环境建设、安全、防火、防盗等方面自动化管理的建设，初步形成了以图书馆为中心的校内数字化文献信息资源中心，为今后高校图书馆知识创新服务体系的形成进行了有效的探索和实践。但随着改革的不断深入和市场经济在高校的渗透，以及为构建社会主义和谐社会提供智力支持，高校图书馆如何以自身优势为学习型社会全面学习和终身学习提供知识资源服务？这就要求高校图书馆在保证和优先满足教学、科研需求的同时，不断深化改革，解放思想，树立竞争意识、创新意识，改变那种传统、封闭、内向型服务模式，把服务向社会延伸，向开发型、外向型发展。最大限度地为社会民众提供知识服务，已是高校图书馆寻求再发展的唯一出路，是和谐社会文化建设的需要，是社会民众享受高校改革成果的需要，也是社会对高校图书馆的呼唤和期待。

一、相关研究背景

图书馆是收藏、整理、传递文献信息并为一定用户提供优质服务的学术性机构。图书馆从诞生开始，就被赋予了保护人类文化遗产、进行信息整序、传递文献信息和进行社会教育的特殊职能。从封建社会的藏书楼到近代的图书馆，再到信息社会的现代图书馆，图书馆都以不同的姿态展示在世人面前，并紧密结合社会科技、文化的发展和用户的需求，充分发挥着知识宝库和知识喷泉的作用，为社会进步和人类文明做出了应有的贡献。

――――――――――
①　庞丽川，魏闻潇，阎世竞，等．基于用户需求的高校图书馆社会化服务个性模式研究 [J]．图书馆工作与研究，2013（6）：26-28．

从 1902 年徐树兰创建古越藏书楼开始，我国新型图书馆的发展已经有 100 余年的历史。在过去的 100 余年中，图书馆的发展随着社会的变革和科技的进步而不断发展着。在民主革命时期，各类图书馆高举"民主"和"科学"的大旗，为中国民主革命的推进和国外先进理论、科学技术的传播发挥了重要作用。

中华人民共和国成立后，图书馆事业得到了更大的发展，其数量和藏书量有了大幅度增长。受计划经济体制的影响，这一时期的图书馆被划分成不同行业、不同系统的图书馆，并严格地为自身系统和行业的特定读者服务。从图书馆的类型上看，除了北京图书馆（行使国家图书馆职能）外，形成三足鼎立的图书馆行业的则是各级公共图书馆、高校图书馆和科学图书馆，其他还有少年儿童图书馆、企业图书馆、工会图书馆、社区图书馆、军队图书馆等。

在计划经济时代，为社会公众提供文献信息服务的，最主要的单位是各级公共图书馆，而处于基层的社区图书馆和乡镇图书馆提供的服务最为直接。当时，公共图书馆为社会读者提供文献服务，其服务对象有一定的限制，服务内容主要还是传统的文献外借、文献阅览、文献复制，以及编制二、三次文献等。高校图书馆和科技图书馆的任务主要是为本单位的职工提供文献服务，适当地兼顾社会读者，而它们为社会读者服务的方式主要是通过本省（区）中心图书馆的馆际互借来实现的。另外，还有一些高校图书馆和科技图书馆利用自身丰富的馆藏文献，与厂矿企业和研究院所紧密联系，积极开展定题服务、综述服务，形成了初步的社会化服务格局。

20 世纪 80 年代末 90 年代初，我国从计划经济体制逐步转向市场经济体制。"尊重知识，尊重人才"的良好社会氛围的形成，为图书馆开展优质服务提供了千载难逢的机会。为了更好地生存，为了实现自己的人生价值，许多人又重新回到学校，开始函大、夜大、自考的学习，又有一些人匆匆赶到图书馆，在知识的海洋里畅游，不断完善自身的知识结构。与此同时，以计算机技术和网络技术为代表的高科技在图书馆得到广泛应用。图书馆从传统的手工服务转变为自动化服务，服务的手段更加先进，服务的效率更加快捷。此外，以磁介质和网络为载体的电子文献和网络信息的引进，使广大读者拓宽了文献利用的视野，缩短了文献信息检索和利用的时间。

党的十七大以来，党中央高度重视全面建设小康社会，不仅采取重大措施，积极促进经济建设的发展，还兼顾社会其他方面，如政治建设、文化建设、社会建设和生态文明建设，重视和谐社会的构建。

党的十七届六中全会审议通过的《中共中央关于深化文化体制改革、推动社会主义文化大发展大繁荣若干重大问题的决定》，对我国进一步推进文化建设和社会建设，构建文明、富强、和谐的社会主义进行了总体部署，特别是对推进文化改革做出了全面部署，强调要推进社会主义核心价值体系建设，巩固全党全国各族人民团结奋斗的共同理想道德基础，全面贯彻"二为"方向和"双百"方针，为人民提供更好、更多的精神食粮，大力发展公益性文化事业，保障人民基本文化权益，加快发展文化产业，推动文化产业成为国民经济支柱性产业，进一步深化改革开放，加快构建有利于文化繁荣发展的体制机制，建设宏大的文化人才队伍，为社会主义文化大发展、大繁荣提供有力的人才支撑。

党的十八大报告将社会主义文化强国建设作为一个大问题进行了详细论述，指出要全面建成小康社会，实现中华民族伟大复兴，必须推动社会主义文化大发展、大繁荣，兴起社会主义文化建设的新高潮，提高国家文化软实力，发挥文化引领风尚、教育人民、服务社会、推动发展的作用。

2015年1月，中共中央办公厅、国务院办公厅发布《关于加快构建现代公共文化服务体系的意见》，全文从7个方面、分26个问题全面阐述了我国加快构建现代公共文化服务体系的指导思想、基本原则和主要目标，提出实现公共文化服务均等化、保障特殊群体基本文化权益、提升公共文化设施建设、增强公共文化服务发展动力、加强公共文化产品和服务供给、推动公共文化服务和科技融合发展、创新公共文化管理体制和运行机制、加大公共文化服务保障力度等有效措施。此意见的发布，不仅对实现小康社会、提高我国公共文化服务水平和提高全民族的素质提出了新的要求，还对我国各级文化行政单位和文化服务机构提出了更加艰巨的任务。

2009年1月，中国图书馆学会新年峰会在北京召开，专题讨论、部署公共图书馆法立法支撑研究事宜。半年时间，参与立法支撑研究的学者达70多人，汇总的初步成果达150万字。直至2017年，历时近20年的公共图书馆法审议通过，《中华人民共和国公共图书馆法》自2018年1月1日起正式施行。该法确立了由政府主导、社会参与的公共图书馆建设的基本格局，有力提升了公共图书馆的服务效能。

诚然，提供公共文化服务，更多地涉及国家图书馆和各级公共图书馆，但高校图书馆和科研图书馆也不例外。随着公共图书馆用户数量的逐渐加大和用户对文献信息需求的要求越来越高，单靠公共图书馆已经没有能力完全满足广大用户的文献信息需求，而传统的馆际互借模式已被打破，不能很好地发挥其应有的作用。

随着人们对社会信息服务需求的日益增多，高校图书馆"必须对社会开放"的呼声越来越高。高校图书馆在传统意义上是信息积聚中心及学术服务中心，它的根本宗旨是"读者第一，服务至上"。高校图书馆文献信息资源大约占社会总量的60%。高校图书馆是否应该服务于社会大众读者？是否应该接纳社会读者和团体？图书馆界在此问题上的认识逐渐趋于一致：对他们开放，使他们能够到馆内查阅馆藏信息资料，为他们提供图书馆服务。

近年来，高校图书馆社会化越来越受到国家和社会大众的关注。正如印度图书馆学家阮冈纳赞于1931年发表的《图书馆学五法则》中所阐述的，图书馆与社会的密切关系为"图书馆的目的是为社会利用，图书馆是随着社会的发展而发展，与社会同步前进"。我国教育部2002年2月21日颁发的《普通高等学校图书馆规程》第二十一条规定："有条件的高等学校图书馆应尽可能向社会读者和社区读者开放。"2015年12月颁布的《普通高等学校图书馆规程》第三十七条规定："图书馆应在保证校内服务和正常工作秩序的前提下，发挥资源和专业服务的优势，开展面向社会的服务。"2005年7月，由60多名大学图书馆馆长共同签署的《图书馆合作与信息资源共享武汉宣言》特别指出："最大限度地满足校内外读者的信息需求，实现最广泛的信息资源共享，是大学图书馆追求的崇高目标。"高校图书馆在为校内师生服务的同时，面向校外读者开展社会化服务，实现资源共享已经是义不容辞的责任。因此，高校图书馆应抓住机遇、迎接挑战，积极地面向社会开拓信息服务领域，参与信息服务市场竞争，服务我国经济建设的主战场，为发展我国的知识经济、繁荣信息服务业做出应有的贡献。

二、现实意义

高校图书馆社会化，向社会开放，为社会公众提供文献信息服务，不仅可以满足社会公众对社会文化生活的需求，满足企事业单位对专业知识的渴求，从而推动国民经济的发展和社会的文明进步，造福于社会，还可以大大提高馆藏资源的利用率，充分发挥高校图书馆文献资料的作用，减少社会资源的浪费，节约社会成本。同时，高校图书馆可以通过这种向社会开放的方式，提供有偿服务，实现经济效益，以缓解经费不足等困扰高校图书馆发展的现实问题。随着物质生活水平的提高，人们对精神文化生活的要求也日益提高。当有了一定的物质基础时，人们就要追求精神上的享受，如看书读报，了解外面的世界，欣赏艺术作品，遨游知识的海洋。同时，人们为了保有现在的工作，或者为了寻求到更好的工作，必须不断学习，不断更新知识。很多的企业领导人为了使企业生存和发展壮大，十分重视员工的教育、培训。人才是企业的基础。人才可以从外面引进，但只能是少数，更关键的是提高现有职工队伍的整体素质。满足这种个人的需要或者企业的需要，有很多的途径，与高校图书馆的联系与合作是重要的方面之一。

目前，高校图书馆的经费来源主要是财政对教育的投资拨款，而民办学校则主要从收取的学费中安排，而将其置换成图书资料后，服务对象就是在校学生和教职员工。这么多的图书资料是教学研究不可或缺的，经费再紧张，也得想办法解决。高校图书馆走向社会，吸纳更多的服务对象，其图书资料的利用率自然而然就会提高，从而减少社会资源的浪费、节约社会成本，从社会总量来说符合效益最大化原则。

一方面有广泛的社会需求，另一方面有现成的社会供给，高校图书馆没有理由不把其结合在一起，各取所需，实现双赢。这就要求高校图书馆必须转变观念，更新思路，打开校门，向社会开放。社会是高校图书馆的大市场，拥有更为广泛的文献信息用户。通过宣传与沟通，争取社会对高校图书馆的信赖和支持，开展有偿服务，达到各自的目的。努力拓展自己的服务领域，依靠自己丰富的文献信息资源和人才优势，积极参与社会服务，造福社会，也赢得自我发展。

（一）有利于发挥资源优势

不管是学科类别的完善性还是资源总量，我国高校图书馆的文献收藏都胜于公共图书馆和科研机构图书馆。在国家"科教兴国"战略方针的指导下，高校图书馆的信息资源日益丰富，投资也越来越大。如果高校图书馆开展社会化服务，为社会各领域及时、准确地提供所需的情报信息，为社会大众提供多层次的继续教育和成人教育服务，不但能大幅度地提高高校图书馆丰富信息的利用率，而且对提高图书馆的地位和作用、熟悉社会需求及适当增加创收等十分有利。

（二）有利于提高全民素质

在提升全民素质方面，近几年，我国公共图书馆实施的"知识工程"起到了重要作用，但是，公共图书馆文献资源不足、分布不恰当、场馆数量缺少等问题还需要进一步改进。对比公共图书馆，高校图书馆更加成熟与完善。因此，高校图书馆应面向社会开展社会化服务，充分发挥自身优势，与其他图书馆联合在一起，共建文献资源信息共享网，从而让更多的群众享受其社会服务，满足人们自身教育的需求。

（三）有利于促进经济发展

人力资源与信息资源是发展经济必不可少的两类资源。伴随改革开放的逐渐深入，高等学校凭借自身的优势（学科、人才、智能等优势）与社会经济生活在高层次更加广泛的领域相连接，更多地参加到经济建设当中。这就要求高校图书馆依据社会需求，全方位开展社会服务，通过分析社会经济建设及科技发展状况，加工、评价和重组文献信息资源，吸收有效的知识信息，从而构成知识产品，建立知识库，为经济发展提供高质量的文献信息服务，促进社会经济建设发展。

第四节 高校图书馆社会化服务的根本依据

最近几年，诸多高校图书馆开始探索和尝试社会化服务工作，但是，目前还没有具体的政策与法律，亟待国家从政策和法律上进行保障。政府部门应将相关政策与法规制定出来，鼓励并倡导高校图书馆进行社会化服务，并将其怎样进行社会化服务写进立法，进而使高校图书馆社会化服务遇到问题时可以遵循一定的原则进行改善处理。高校图书馆社会化应该是全社会共同参与的宏大工程。只有政府大力扶持、公众积极参与、高校图书馆积极履行社会职能，高校图书馆社会化服务工作才能真正落到实处。

一、政策导向

高校图书馆面向社会开放的话题，从 20 世纪 80 年代起在图书馆界就开始讨论了。《普通高等学校图书馆规程》于 2002 年修订，其中第二十一条明确指出："有条件的高校图书馆应尽可能向社会读者和社区读者开放。""数字时代图书馆合作与服务创新"国际研讨会于 2005 年 7 月 8 日在武汉大学举办，并签署了《图书馆合作与信息资源共享武汉宣言》，决定在满足本校读者需求的前提下，将高校图书馆的资源努力向社会开放。北京市第十二届人大四次会议于

2006 年举行，会议明确指出，高校图书馆在做好服务校内科研工作的同时，要积极面对社会和经济建设，打破传统服务与管理方式，积极主动地服务社会。《图书馆服务宣言》由中国图书馆学会于 2008 年发布，其中指出：各级各类图书馆要加强协调与合作，共同组建图书馆体系，确保全体社会群众都可以享受图书馆服务。浙江省教育厅于 2010 年 12 月宣布，浙江省高校数字图书馆正式开放。北京大学图书馆馆长朱强在 2012 年 3 月宣布，清华大学、北京大学等 34 所高校的图书馆全面向社会开放。清华大学前任校长陈吉宁在 2012 年全国青少年高校科学营北京分营开营仪式上，代表清华大学等全国 41 所承办该试点活动的高校郑重承诺：各高校在今后将定期向社会无偿开放图书馆，并"希望全国有更多的高校能和我们共同行动！"《中华人民共和国公共图书馆法》于 2018 年正式施行，从此确定了由政府主导、社会参与的公共图书馆建设的基本格局，公共图书馆服务效能得到了很大提高。

英国、德国、加拿大、日本、美国等国家在高校图书馆社会化服务上都取得了成功，仔细进行对比不难发现，它们都有一系列的法律、法规作为保障，以法制来规范高校图书馆社会化服务，而高校图书馆也在法律保障与政策支持下迅速发展。美国政府不断出台与更新图书馆法律规范，确保全体国民自由、民主、公平地获得信息，也明确了图书馆的社会公益职能，经费方面也给予了强有力的支持与保障。日本组建"国立大学图书馆公开事业实施委员会"，通过法律制度保护高校图书馆的正常运行及面向社会开放时碰到的各种问题。韩国先后制定了 200 余部有关图书馆的法律、法规；英国颁布图书馆法比较早，而且理念非常先进。若想保障群众平等、自由地获取信息和从事信息活动的权利，我国就必须尽快出台图书馆法，明确高校图书馆社会化服务的职责与方针，坚决打破任何形式的信息特权和信息垄断现象，让高校图书馆社会化服务逐渐达成共识，让更多的群众获取信息资源并从中受益。

二、社会呼吁

诺德（德国著名图书馆学家）早在 17 世纪就提出：图书馆要向所有愿意来图书馆学习的人开放，而并非只是针对特殊阶层提供服务的。一些西方国家的高校图书馆凭借其及时、准确的信息，专业的服务，丰富的资源，先进的设备，齐全的功能，成为社会群众生活、研究、学习的一大助力。国内众多高校图书馆已经向社会开放。社会上普遍对社会化服务这一话题非常重视。胡越（首都师范大学前任图书馆馆长）认为：大学图书馆作为图书馆大家族中的一分子，应服务于社会大众。倪晓建（首都图书馆前任馆长）在 2006 年的人大会议上提出，高校图书馆要与公共图书馆共同向社会开放，在社会化服务进程中，高校图书馆有责任、有义务积极参与其中。詹福瑞（国家图书馆前任常务副馆长）认为，大学图书馆应该给本地区的社会读者提供相应的服务，这是他们应有的职责。"首都图书馆联盟"于 2012 年成立，由 110 家图书馆组成。朱强（北京大学图书馆馆长、联盟副主席）表示，高校图书馆在加入联盟后要把相关的配套设施全部予以完善，同时接待社会读者的服务制度要进一步完善，向社会大众免费开放。周国忠（福建师范大学图书馆副研究馆员）认为，大学图书馆要敢于将之前对图书馆的错误定位打破，要积极接受社会上的读者用户。李肖滨（哈尔滨理工大学图书馆馆长）认为，如果想要大学图书馆发展壮大，就需要向社会开放，同时将资源进行共享。从专家学者到普通群众，大家共同的呼声就是高校开展社会化服务。

三、用户需求

随着科技的进步与信息技术的发展，信息在日常生活中的作用越来越重要，信息情报的竞争日益激烈，对信息的需求也在直线上升。提高全民族的思想文化水平需要信息，普及科学文化知识需要信息，经济的增长需要信息，社会的发展需要信息。在这样的时代背景下，社会公众需要有一个持续学习、查阅资料和读书娱乐的场所；劳动者需要不断学习来更新知识，增强其劳动技能；进行科研项目和专业性的工作也需要信息。而这些都与充分发挥各级别、各类型图书馆的职能密切相关，当然高校图书馆也包含其中。高校图书馆必须充分发挥并利用自身的优势向社会开放，为社会提供最基本的信息支撑和最重要的信息保障。

四、自身需要

高校图书馆面向社会开放，具有广泛的社会效益。

（一）为社会提供更大的学习平台

图书馆通过向社会开放服务，可以唤起公民的阅读热情，吸引更多的读者走进图书馆，为每位公民提供平等的获取文化信息资源的权利。

（二）弘扬民族的先进文化

图书馆免费开放，可以有效地利用丰富的馆藏资源和先进的网络信息技术平台，深入宣传先进文化，改变公民的知识结构，提高公民的知识水平和思维能力。

（三）体现社会人文关怀

图书馆坚持以人为本、读者至上、服务第一的宗旨，为社会读者提供优质高效的服务，体现了人文关怀，促进了社会和谐发展，保障了人民群众基本的文化权益，更加自觉地推动了社会主义文化大发展、大繁荣。

（四）实现信息资源效率最大化

高校图书馆对社会开放，将区域信息资源不足的问题进行了有效补充，进而可以充分利用馆藏信息资源，资源效益的最大化也体现了出来。

（五）扩大社会影响力

高校图书馆通过社会化服务可以扩大自己在社会上的影响力，通过对社会公众的服务让更多的人了解高校图书馆，通过较好的服务水平赢得社会公众的认可和支持。

（六）服务水平和服务质量的提升

高校图书馆需要与社会沟通和交流，通过在社会化服务中得到的反馈信息，弥补自身的不足，对其服务水平和服务质量的提升起到了一定的帮助作用。

（七）自身发展的要求

让图书馆馆员更多地接触社会，对他们开阔视野有很大的帮助，也是提高馆员工作效率、促进馆员成长的有效途径。由此可以得出，高校图书馆自身的发展也要求高校图书馆进行社会化服务。

第五节　高校图书馆社会化服务的发展历程①

一、高校图书馆社会化服务起步阶段（1975—1990 年）

中华人民共和国成立后，政府接管并建立了一批高校图书馆，恢复了图书

---

① 　孙秀菊，牛宝印．我国高校图书馆社会服务发展历程回顾 [J]．图书馆理论与实践，2018（9）：60-62．

馆工作的新秩序。1975 年，国际图联大会在法国里昂召开，会议提出开展社会教育是高校图书馆的一项重要社会职能。而在我国，1976 年"文化大革命"结束，高校图书馆事业开始复苏，图书馆逐步加强馆藏和各项规章制度建设，并统一了对图书馆性质和任务的认识。我国改革开放初期的《政府工作报告》（1978 年）指出：要发展各种类型的图书馆，组成为科学研究和广大群众服务的图书馆网。这是我国最早提出高校图书馆开展社会化服务的有关文件。1982 年，《中华人民共和国宪法》要求：发展为人民服务、为社会主义服务的图书馆、文化馆等事业，开展群众性的文化活动。1983 年 7 月，李志明和蒋若舟在《高校图书馆工作》期刊上发表了《扩大高校图书馆社会服务职能初探》一文，他们从高校图书馆的性质、资源共享、国外社会服务实践、我国人才培养、图书馆自身优势等方面提出高校图书馆扩大社会服务职能的必要性和可行性。这标志着我国高校图书馆社会化服务研究的开端。

1987 年 6 月，第三次全国高校图书馆工作会议在北京召开。会议提出了高校图书馆如何在新的形势下更好地促进社会主义物质文明和精神文明建设，以适应时代的发展要求。同年 7 月，原国家教委颁布《普通高等学校图书馆规程》，其中规定：有条件的图书馆要向社会开展文献情报与技术咨询服务。这是国家教育部门第一次提出了高校图书馆的社会责任与义务。也就是从这时起，有少数高校图书馆率先打破只对本校师生服务的"专利"思想，由封闭逐步走出校门，尝试向社会开放，为部分社会读者提供文献服务，并适当收取一些费用。比如武汉大学、上海同济大学、厦门大学等一些知名高校图书馆，陆续为社会用户办理借书证，并提供咨询、复印和装订等服务。这在一定程度上满足了部分社会读者的需求。

1988 年 3 月，全国科技工作会议在北京召开，鼓励高校和科研机构直接参与社会主义建设，服务我国社会经济的发展。随着我国经济改革的逐渐深入，一些工厂、企业急需向高等院校寻求技术与智力的支持。同时，随着高等教育改革不断深化，高校与社会的联系愈加紧密，而图书馆作为高校的重要组成部分，其社会服务也随着高等教育的发展和社会需求由浅入深。有些高校图书馆成立了情报咨询部和技术开发部，主动为社会读者提供形式多样的情报咨询与技术支撑服务，取得了较好的经济收益与社会效果。例如，杭州商学院图书馆于 1988 年伊始，在图书馆的部署和安排下，以情报室为骨干力量，有关部门密切配合，主动挖掘内部潜力，积极开展内容丰富、形式多样的社会服务。

二、高校图书馆社会化服务探索发展阶段（1991—2001 年）

到 20 世纪 90 年代末，许多高校图书馆开发、建立了自己的网站，并实现了自动化管理。图书馆社会服务平台从物理馆舍拓展到网络，不仅为社会读者提供传统文献和咨询服务，还利用数据库和网络平台为读者提供数字资源与虚拟咨询等服务。例如 20 世纪 90 年代中期，华中科技大学成为中国教育与科研计算机网的华中节点，该校图书馆则相应地成为网络互动的重要平台。图书馆不仅利用网站开展导读、资源推荐、预约续借、文献传递、网上用户教育、光盘检索和业务咨询等服务，还先后在网站上建立了专利、标准、会议、产品样本等特色文献数据库，为武汉地区高校、科研机构及企业及时获取国内外最新发展信息和科研成果提供了方便，同时，为他们研制的新产品打入国际市场提供了有利条件。另外，图书馆还利用自身的现代化和网络化优势，与国内或跨国企业合作创办信息中心，而中心通过网络获取国内外科技信息、市场信息后，再利用电子邮件推送到企业或科研人员的邮箱，用户普遍反映良好。又如，哈尔滨医科大学图书馆结合自身的特点，一方面和省内医学科研单位建立了文献资源共享系统，利用 Internet 网、图书馆自动化管理系统及 CD-ROM 等为社会用户提供代检、代查、代译及科技查新等服务；另一方面，该馆还通过校园网与互联网的连接，检索、编辑各类医学信息，并以简报的形式通过电子邮件传递给社会用户。由此可见，随着高校图书馆自动化、网络化和数字化的不断发展，图书馆社会化服务也突破了时间和空间的限制，向自动化、网络化和数字化方向发展，其服务内容不断丰富，服务方式也更加多样化。

1998 年，我国颁布的《中华人民共和国高等教育法》中提出，高等教育必须为社会主义建设服务，与生产劳动相结合。高等学校不仅具有教学、科学研究功能，还拥有社会服务的重要功能。该法再次重申了高校图书馆的社会服务责任。同年，我国高等教育开始实施"211 工程"和"985 工程"，而入选高校在经费和政策上比其他高校占有较多的优势。这些图书馆的办馆水平和服务能力高于其他高校图书馆，在社会服务工作方面也走在了其他高校图书馆的前面，向社会开放的比例也较高。比如，列入"985 工程"的清华大学、北京师范大学、浙江大学、厦门大学和中山大学等高校的约 40 家图书馆，列入"211工程"的百余所高校的图书馆，都不同程度地向社会开放，只是为社会读者服务的对象、范围、深度、方式、效果等有所区别。

三、高校图书馆社会化服务快速发展阶段（2002年至今）

2002年，教育部颁布的《普通高等学校图书馆规程（修订）》（以下简称《规程》）中明确提出：有条件的高校图书馆应尽可能向社会读者开放。该《规程》虽然没有对向社会开放做出硬性的规定，但在客观上为高校图书馆社会化服务提供了权威的文件依据，同时为高校图书馆的社会化服务指明了发展方向。这一时期，随着高校图书馆社会化服务理论研究日趋成熟，各地高校图书馆社会化服务工作也进一步延伸和深化，向多元化和专业化方向快速发展。比如，广州大学图书馆一方面为广东省、市政府的重大事件和活动等提供切实有效的决策信息，另一方面与广州市政务中心和档案局及中山图书馆等单位合作，联合开展特色信息开发、资源共享，以及业务外包和扶持等多种服务，被誉为"全国高校图书馆社会化服务的一面旗帜"；南开大学图书馆不仅与教育、科研、企业等机构建立了科技联盟服务平台，为高科技企业提供信息服务，还开展了公益讲座、素质教育基地建设、数字图书馆建设及科技查询站建设等社会服务工作；武汉大学图书馆则充分发挥其在测绘学科方面的技术、人才及设施等资源优势，主动参与全国测绘科技信息网的建设与合作，并向用户提供科技查新、代查、代检、收录和引用等科技文献服务，在国内同行业中享有很高的声誉。

陕西、云南、贵州、四川等地的高校图书馆也在努力加强自身建设，创新服务理念，积极探索为地方经济发展、现代化建设及西部大开发服务的新路子，其中最具代表性的是西北农林科技大学图书馆和重庆大学图书馆。为进一步提高社会服务能力和水平，西北农林科技大学图书馆首先成立了科技信息中心。该中心一方面树立"人人平等、知识共享"的新观念，突破过去只为本校提供服务的传统，实行校内、校外读者同等对待；另一方面依靠学校的办学特色和优势，为当地农业发展提供国内外科技信息，为学校高新技术成果推广和进入市场提供中介服务。其次，西北农林科技大学图书馆建立农业信息示范基地，针对我国西北部干旱地区农业的节水灌溉和生态环境建设等问题，提供适合农业发展的服务项目；为及时报道中外最新科技动态和研究成果，图书馆精心编写了《中外高新科技》和《农村实用技术选编》等30余种资料，并送到科研和企业用户手中，服务地方经济建设；还积极参加每年一次的杨凌农高会，主动开展科技信息咨询、宣传与推广等服务活动。重庆大学图书馆为促进区域性文献信息资源共建共享，推动地方经济发展，联合本地7所高校和科研单位建立了重庆市科技文献资源共享平台、数字资源与服务系统，以及三峡数字图书馆、轻合金等特色数据库，积极为地方政府、科研机构及全国有关单位提供文献检索、浏览与传递等一站式服务，有效地克服了当地文献资源分散、缺乏统一管理和利用率不高等问题。

　　2004年以后，随着互联网科技的快速发展，Web 2.0技术逐渐成熟。相对于Web 1.0来说，Web 2.0具有较强的交互性和用户共同参与性等特点，能够为读者提供更加个性化和人性化的服务。很多高校图书馆认识到Web 2.0的价值，并积极着手进行Web 2.0服务的开发与利用。根据文献资料调查显示，当时就有包括北京大学、复旦大学、上海交通大学、南开大学和兰州大学等在内的30余所高校图书馆借助Web 2.0平台技术为社会读者提供信息服务。（1）博客服务。博客不仅提供目录导览、检索、借阅及书评等服务，还可以让读者通过"留言"与馆员进行互动交流、咨询问题、推荐文献或者分享信息等。（2）RSS服务。利用RSS推送新书目录、中外文数据库利用、讲座与培训等信息。（3）Wiki服务。读者与馆员可以通过该平台共同对他人的问题给予回复，还能对有关内容进行补充或者完善。（4）即时通信服务。图书馆主要利用这种即时通信技术为社会读者提供参考咨询服务，大多通过QQ软件来实现。

　　2005年，"中国大学图书馆馆长论坛"在武汉大学举办，论坛代表共同签署了《图书馆合作与信息资源共享武汉宣言》，制定并规划了一个高校图书馆社会化服务的愿景，旨在推动数字时代图书馆合作与服务创新。2008年，中国图书馆学会第九次年会在重庆召开，会议颁布了以"图书馆服务：全民共享"为主题的《图书馆服务宣言》（以下简称《宣言》）。《宣言》中七次提到"社会"，三次提到"开放"，充分体现了图书馆对社会开放、平等服务和以人为本的核心理念，并首次把图书馆的使命和责任提高到全民共享的高度，向全社会宣讲了图书馆人的职业信念和社会担当。在《宣言》的指引与感召下，高校图书馆逐步加大各种资源的开放和服务力度，不断扩大和延伸服务对象与服务范围。比如，首都图书馆联盟成立，北京大学、清华大学等30多所高校的图书馆将逐步实现向社会免费开放，并采取一系列惠民措施，为社会读者提供全天候网上文献信息服务；帮助市、县、社区扩建或新建图书馆并提供文献资源、人员、技术和设备的支持；在图书馆定期举办文献检索、网络技能等知识讲座和培训班，并在网站上为社会用户开通远程教育服务，满足他们希望接受网络教育及终身学习的需求。尽管这些高校图书馆只是代表国内部分地区，但它们所表现的社会服务热情和带动作用是不可否认的。

2011年，腾讯公司推出一款新的即时通信工具——微信。2012年，该公司在微信的基础上增加了面向单位和个人的新的业务模块，即我们常说的微信公众平台。该平台强大的互动交流功能吸引了庞大的用户群体，迎合了图书馆读者服务的需求。对我国"211工程"高校图书馆的调查显示，除个别高校图书馆外，绝大多数高校图书馆建立了官方微信账号，开通了微信公众平台服务。图书馆通过微信公众平台创建读者微信服务群，打破时间和空间的限制，随时利用文本、图片和语音等形式与读者进行互动交流，满足读者多样化的服务需求。

2015年12月，教育部对《规程》进行修订，进一步提出高校图书馆是校园文化和社会文化建设的重要基地，要充分发挥信息资源和专业服务优势，积极参与各种资源共建共享，努力为社会服务。随着《规程》的进一步修订和颁布，高校图书馆继续深化社会服务的工作将会迎来一个新的发展时期。

第六节　高校图书馆社会化服务的基本要求

为学生获取各种知识提供相应的资料、为教学和科研工作提供所需信息等是高校图书馆的服务内容，即围绕学校的教学和科研工作开展。高校图书馆社会化服务的进行，要求高校图书馆服务的内容也随之社会化。将高校图书馆的服务功能社会化，即充分利用高校图书馆的资源，采用多种方式，全方位地向全体社会成员开放，积极倡导并推动全民阅读，使其更好地适应各类社会用户多元化的信息需求，充分地发挥高校图书馆在人类进步、社会发展、经济腾飞及文化提升等多方面的功能。

一、服务对象社会化

传统的高校图书馆服务仅限于本校，地域特性极强，服务对象也限于本校师生，同时文化层次相对固定。对于高校图书馆的发展而言，单一的读者、固定的服务对象、封闭的服务等都是阻碍因素。一直以来，高校图书馆都在为固定的对象服务，加上封闭自守、坐等读者上门，这种现象比比皆是。这无疑让高校图书馆的工作缺少竞争性和主动性。但是，社会化服务要求高校图书馆将服务对象扩大到社会成员，让高校图书馆的服务扩展到社会各个角落。服务对象从本校师生转变成社会群众，这充分地展现了高校图书馆服务对象的社会化。高校图书馆在提供服务之前，要先对所服务的社会用户进行分析研究，掌握他们所需的信息特点，因为不同层次、类型的用户所需的信息资源在深度、类型、内容方面千差万别。服务规模的大小依据高校图书馆服务所能覆盖地域的用户群分布、人口密度、范围来确定。服务对象社会化是高校图书馆社会化服务的基本内容，即服务对象要展现社会化的特点。高校图书馆社会化服务，从服务对象从事的行业而言，一般为涉及人类科学的各行各业；从服务对象的所属单位而言，主要涉及农村、企事业单位、城市社区、政府部门、其他社会团体，而不仅限于本校师生；从服务对象的范围而言，平等地对待所有读者，让每位读者都有享受服务的权利。

同样，高校图书馆因网络技术的广泛应用，摆脱了固定的服务场所、馆舍、地域等限制，打破了传统的文献管理模式，建立了辐射型的开放服务体系，在文献信息的采集、加工、组织和服务方面运用新的方式，不断扩大服务群体。有了图书馆资源，社会读者可以通过互联网查询所需的文献，了解这些资源的收藏和分布情况。如此一来，高校图书馆的服务对象突破了馆舍、单位、行业、物理空间和地域的限制，不再仅限于本校师生，逐渐向社会读者扩展，具有了明显的社会化特征。

二、服务内容社会化

为本校师生教学和科研服务是高校图书馆的第一任务，其服务内容通常也是围绕学校的教学和科研工作展开，为学生获取各种知识、撰写论文、提高技能、参加考试等提供相应的资料与辅助；为教师的教学提供所需的资料、与科研相关的信息。但是，高校图书馆社会化服务要求高校图书馆服务的内容也随之社会化。

图书馆在服务时的难点是社会读者的整体素质、研究方向、专业水平，以及工作领域千差万别、复杂多样，因此，他们的需求也大不相同，加之社会读者的人口基数庞大，无疑给高校图书馆的社会化服务增加了难题。尤其随着服务的开展，社会读者的需求也随之增加，这就对社会化服务提出了更高的要求。高校为满足不同社会读者的需求，必须了解他们的个性化需求、信息接受能力、信息意识等，以便提供更准确的信息内容。比如，在处理政务、服务人民时，政府需要掌握全面、正确的信息，以便参考并做出科学的决策；科研部门在科研选题、课题研究、结果分析等阶段，收集与利用信息非常重要；企业新市场的扩展、新产品的开发与生产、新技术的发现与应用等都离不开信息；科技的发展、农业知识的普及、城乡居民的生活娱乐等方面都与信息不可分割。这些无疑给高校图书馆带来了千载难逢的发展机遇，也为高校图书馆的社会化服务提供了广阔的空间。

三、服务功能社会化

传统的观念认为，高校的教学科研服务是高校图书馆的基本功能。这种观念是错误的，严重束缚了高校图书馆管理人员、管理层、决策层的思想，导致高校图书馆的功能"与世隔绝"。我国高校领导决策层、高校图书馆管理层认为，学校资源是教育部拨给学校资金购买的，如果向社会开展服务则会耗费图书馆很多的财力和精力，同时会带来很多麻烦，所以高校图书馆一般情况下只愿意为本校的教师和学生服务，这也是长时间受到保守的习惯思维、保护意识影响的结果。打破传统观念，重新对高校图书馆的功能进行定义是高校图书馆社会化服务的第一要求。只有充分利用高校图书馆资源，全方位地向全体社会成员开放，让更多的人从中受益，将高校图书馆的服务功能社会化，才能充分发挥高校图书馆在促进社会、文化发展等多方面的功能，其主要表现在：高校图书馆可以为中国参与国际市场竞争与中国经济的快速发展提供强有力的信息支撑；可以为构建和谐社会提供知识、人才等方面的支持；可以为建设学习型社会、提高全民素质、传承文明等发挥重要的作用。高校图书馆是推进社会文明和进步、构建和谐社会的各个重要环节中不可或缺的一部分。

四、实现全民阅读化

2013 年，《全民阅读促进条例》正式纳入国务院立法工作计划。这是国家文化建设的一个重要举措，是社会文化生活的一次重要升华。

全民阅读已被众多国家当成国家软实力建设的重要措施，通常以国家行为、法律行为鼓励、倡导全民阅读。当今社会，国家、地区、城市之间的竞争除 GDP 外，更多地表现为知识创新、科技进步的竞争。

读书关系着一个国家的兴旺、一个民族的素质、一个人的思想境界和修养。一个不读书的国家终将逐渐衰败；一个不读书的民族终将逐渐退步；一个不读书的人终将被社会淘汰。党的十八大提出要"开展全民阅读活动"，使阅读成为每位公民的良好习惯。这是因为开展全民阅读活动，可以使中华民族更智慧、更科学、更文明、更有效地去创造、生产和生活，从而实现国民素质的整体提高，使中华民族的伟大复兴建立在更深厚的文化基础之上。

要实现全民阅读，仅仅依靠公共图书馆的力量和资源是无法做到的。高校图书馆藏书体系相对完备，馆藏信息资源丰富，不论是从资源总量上还是从学科类别上，都是公共图书馆所不能比拟的。如果将高校图书馆丰富的文献信息资源服务于文献信息资源相对匮乏的社会公众，满足社会公众对各种文献信息资源的需求，将会推动社会文化、教育事业的蓬勃发展，保障社会公众平等、自由地利用信息的权利，促进社会公众科学文化素质的提升，带动社会经济文化大发展，从而构建全民阅读的和谐社会。虽然现实距离全民阅读的梦想还很遥远，但从国家对阅读立法可以看出国家对全民阅读的重视程度。这是推动全民阅读行动中的一个里程碑。高校图书馆应顺应时代发展对高校图书馆提出的新要求，积极探索对社会开放的服务内容和服务途径，助推全民阅读化的早日实现。

社会信息化进程的快速推进和社会主义市场经济的迅猛发展，使教育终身化、学习社会化、社会知识化、信息网络化成为现代社会发展的必然趋势。高校图书馆拥有深厚的文化底蕴、良好的文化氛围、具有超强能力的人才队伍、丰富的馆藏资源等自身优势，完全可以在确保满足本校教学和科研服务需求的基础上，运用多种方式为社会用户提供信息服务，满足社会用户的信息资源需求。高校图书馆要凭借自身得天独厚的优势积极参与推动社会发展，主动承担应负的社会责任，发挥更大的社会职能，实现自身的社会价值。

第七节　高校图书馆社会化服务的主要内容

高校图书馆开展社会化服务的内容主要包括常规服务、数字资源服务、深层次服务和社会合作服务四种形式。

一、常规服务

常规服务一般是指图书馆最基本的文献借阅服务和参考咨询服务。在提供文献借阅服务方面，首先，高校图书馆可以把校外读者划分为校友、一般居民（研究型和非研究型）等多种类型，根据不同类型用户的特点和需求，办理不同权限的借阅证，一人一证，只限本人使用，有力保证了不同类型、不同层次的读者都可以平等享有使用图书馆的权利。其次，当校外读者进入图书馆借阅文献资料时，要保证其与在校读者一样可自由出入各个书库、阅览室；另外，可对某些读者收取适度的服务费用。在提供参考咨询服务方面，校外读者可享有图书馆开展的所有参考咨询服务项目，一般的问题咨询要免费服务。参考咨询馆员要一视同仁，为校外读者提供同样专业和耐心的解答，让其感受到"无所不问，无所不答"的服务理念。

此外，高校图书馆还可以与社区结合，为所在社区的用户提供针对性的服务，如通过了解用户需求，开展图书导读服务和建立主题书架的服务等，让社区用户真正享受到邻近的高校图书馆服务的便利。

二、数字资源服务

高校图书馆拥有丰富的数字资源，其购买的数据库大部分为专业性的中外文期刊论文及学位论文数据库。这些丰富的数字信息资源是了解国内外的学术科研动态的重要渠道。此外，大部分高校图书馆还购买了学习考试类资源及音视频类健康生活资源。但由于版权限制，图书馆的数字资源一般都进行了 IP 访问控制，只能在校园网内才能使用。因此，高校图书馆可以通过向社会大众开放电子阅览室，或者开通校外访问服务，为其提供数字资源服务，方便社会用户查找资源，为其学习和科研提供一定的帮助。

三、深层次服务

深层次服务是指除了常规服务和数字资源服务之外，还能为服务对象进行个性化的、符合个体需求的服务。高校图书馆面向社会的深层次服务，主要包括定题跟踪、科技查新、用户培训和个性化服务。

（一）定题跟踪服务

定题跟踪服务是针对用户需求，提供课题资源收集、整理与传递等方面的跟踪服务。该服务贯穿用户课题研究的始终，随时根据用户需要提供相关的信息。高校图书馆在课题跟踪服务方面具有一定的优势，通过社会服务为本区域的政府机关、企事业单位、个人用户提供课题跟踪服务，可以大量节省用户的精力和时间，直接或间接地推动当地经济建设和科研创新，有力地促进生产力的发展。

（二）科技查新服务

科技查新服务是文献检索和情报调研相结合的情报研究工作，它以文献为基础，以文献检索和情报调研为手段，以检出结果为依据，通过综合分析，对查新项目的新颖性进行情报学审查，写出有依据、有分析、有对比、有结论的查新报告。进行科技查新服务需要专业的科技查新人员来进行。目前许多高校图书馆建立了科技查新站，不仅为本校师生提供服务，也广泛提供社会服务，帮助社会团体和个人进行课题查新。

（三）用户培训服务

高校图书馆区别于其他信息服务机构的重要特征是它的教育职能。随着社会的进步与发展，图书馆进行社会教育的职能越来越凸显。面向社会用户的培训服务主要是以资源利用推广为主的信息素养培训，还可以专题形式开展专项培训。高校图书馆通过对社会用户进行信息素养教育，使社会用户了解如何利用图书馆、如何对图书馆购买的电子资源进行检索与利用等，还可以针对社会用户的特点和需要，开展语言学习或专业技能培训等内容。

高校图书馆还可以利用假期，与工会、社区合作，通过开展信息素养专题讲座、发放图书馆宣传小册子等方式，传授有效获取数字信息资源的方法和技巧，以提高数字资源的利用效率。高校图书馆可选派业务骨干，对基层图书管理人员开展全面系统的业务培训与指导，传授图书馆业务流程、具体操作方法和先进的网络技术，以提升乡镇基层图书室管理水平。

（四）个性化服务

个性化服务是高校图书馆开展社会化服务工作的重点，体现了"以人为本"的理念，能真正从社会用户的实际需求出发，开展有针对性的、适合社会用户的服务。提供个性化服务重要的是要对社会读者进行细分，为不同用户提供不同的服务项目。比如，针对社区居民，高校图书馆可为社区居民办理借阅证，举办各种学习培训班；为其提供就业、保险、法律、心理等方面的咨询服务；还可与社区联合建立文化活动中心，举办一些专题讲座、作品鉴赏会等活动，以满足社区居民学习、娱乐等需求。针对农村居民，高校图书馆可帮助其建立农家书屋，设立流动图书馆站，定期挑选并提供适合农村特点的图书资料、科技信息读物；亦可搜集各种农业、农技等网络信息，并整理成专题数据库，为农民提供网上检索服务；另外，还可邀请校内外科研人员定期开展知识讲座，向农民传授农业新知识、新技术。针对校友，高校图书馆可提供借阅服务、数字资源服务、科技查新、代查、代检等项目，使之成为图书馆的终身免费读者，能继续享用学校资源，增进与母校之间的感情。

四、社会合作服务

高校图书馆的社会合作服务主要有与政府部门的合作、与同质性文化部门的合作、与社会公益组织的合作及与企业的合作。通过与不同类型的机构合作，培养开放性的服务理念，拓展服务领域，以实现服务社会的价值目标。高校图书馆可利用丰富的馆藏资源和网络资源，对其进行整序，开发出针对政府部门的二次或三次信息产品，供领导决策之用；可与公共图书馆、档案馆、文化馆、博物馆等合作，将各个机构分散的信息资源以不同的方式组织起来，使之成为一个资源整体，共同服务社会。高校图书馆要积极争取图书馆协会学会、各种社团、志愿者组织等公益组织和企业的支持，吸取其有益经验，为高校图书馆开展社会化服务提供新的动力。①

---

① 丁丽鸽.高校图书馆社会服务的理论基础及体系结构研究 [J]. 图书馆，2016（4）：47-49.

第四章

高校图书馆社会化
服务的模式

第一节　高校图书馆社会化服务过程中关系的处理

高校图书馆是公共文化服务体系的一部分，承担着公共文化普及和教育的职能。一般情况下，高校图书馆的服务范围是校内，若是向社会开放，则还需要面对和处理好几大关系，既有利于高校消除思想障碍，打破图书馆壁垒，全方位地服务社会，又有利于国有文化教育信息资源广泛发挥作用，加速社会文化的大发展、大繁荣。

一、社会服务与本校服务的关系

（一）社会开放与校内服务的关系

高校图书馆面向社会服务的同时承担着社会责任，对公众开放，接纳社会读者和团体，允许他们查阅馆藏文献信息资源，为他们提供信息服务，维护公众文化权益，直接参与到经济建设和社会发展中去。① 也就是说，高校图书馆将传统的工作模式和思维方式打破了，为社会读者和团队开放了以往仅为学校教师和学生提供的一些资源服务，最大限度地将多种资源利用起来。

现阶段，高校图书馆向社会开放与本校服务的关系是有矛盾的②：（1）高校图书馆服务产品的经济基础部分来源于国家教育拨款，部分来源于学生缴款，不纯粹属于公共产品，而属于准公共产品，因此不可能要求高校图书馆完全公益化。（2）高校图书馆的任务、职责与服务对象是有特指的，即明确规定为本校教学和科研服务。（3）高校图书馆的文献资源类别具有较强的专业性，许多资源与社会读者需求不相适应。（4）高校图书馆的物质资源与人力资源都是定额有限的，在不增加资源投入并扩大招生的前提下，面向社会开放必然对教学和科研的信息服务工作造成冲击。因此说，社会化服务与本校服务二者在资源消费上是有争夺的，要求高校图书馆全面服务社会是不现实的，大肆强调社会化，必然影响教学和科研的信息服务工作，必然挤占和削弱校内服务。"如果要高校图书馆像公共图书馆那样面向所有民众办证开

---

① 马娴.高校图书馆社会化服务新探 [J].高校图书馆工作，2011（3）：70-72.

② 吴瑾,刘偲偲.高校图书馆向社会开放须处理好几大关系 [J].图书情报工作，2013（14）：18-21.

放，这无异于取消高校图书馆，显然是不现实的。"

高校图书馆对社会开放不可能是全面的、无条件的，而只能是有原则、有前提、有限制、有选择、量力而行的部分开放。因为高校图书馆的建设目的、服务对象和主要工作任务决定了本校师生对校图书馆的资源与服务的利用是拥有优先权的。对于此情况，美国斯坦福大学做出了这样的规定：任何情况，任何机构和个人一旦侵犯了斯坦福大学师生员工使用图书馆的优先权，图书馆保留拒绝其使用图书馆的权利。享有"美国公立大学典范"盛誉的密歇根大学的图书馆也并不是一视同仁地对待读者，而是把他们分成了很多类型，如本校读者、友人、客人等，并且赋予不同读者不同的权利。哈佛大学的图书馆细化得更好，他们是根据来源对读者进行划分的，即本校读者、外校读者、哈佛研究中心成员、访问学者、校友，从高到低享受不一样的权限。对于不同读者，高校图书馆设立的权限也不一样，但这并没有违背公民平等享受文化权益的精神，因为公民的文化权益要靠全部图书馆予以保障，并非靠个别图书馆单独保障。总体来看，高校图书馆对社会开放的前提条件是必须充分首先满足本校师生的需求，同时保障本校正常的教学和科研工作不会受到任何影响，然后再依据自身服务的重点与资源情况，有区别地对社会开放。

（二）校外读者与校内读者的关系[①]

高校图书馆对社会开放，就要接纳社会用户和团体，由此服务对象形成校内读者和校外读者两大群体，而馆员服务和馆藏资源必须在这两个读者群之间进行模糊分配，因而平衡好两个群体间的关系就显得非常重要。

高校图书馆特有的读者群是校内读者，也是高校图书馆最关键的服务对象，包括学校的教职员工、在校学生及学校附属科研院所的研究人员。这些人的知识层次、文献需求方向、年龄结构都比较固定。高校图书馆的各项服务、软硬件资源、服务理念、办馆宗旨都是围绕校内读者来设置的。校外读者是高校图书馆在向社会开放以后所接纳的非本校人员，包括其他院校师生、企事业单位工作人员、中小学读者、学校周边社区普通居民等所有对高校图书馆产生文献需求的非高校人员。校外读者与校内读者相比，在数量上更多一些，有着相对复杂的知识层次，其文献需求多种多样，在管理上也更困难。

国内已开放的高校图书馆对校外读者的身份也进行了限定。比如，北京大

---

① 吴瑾，刘偲偲.高校图书馆向社会开放须处理好几大关系[J].图书情报工作，2013（14）：18-21.

学图书馆规定与学校有合作研究项目、具有高级专业技术职称的校外读者可享有办理借书证的特权，一般读者只限馆内阅览和复印；复旦大学图书馆对校外读者限定，本科以上在校学生和高校教师并且与本校有协作关系的人员，可持有效证件到图书馆免费换取"临时阅览证"，其他高校教师和研究生读者也可凭上述证件直接进入指定书库，每天的临时读者有名额限制。

在高校图书馆实施社会化服务的过程中应遵循"立足本校，服务社会"的原则，首先要确保满足本校师生的文献需求，然后再考虑满足社会用户的需求，而不能顾此失彼，对本校的教学与科研工作造成影响。在对校内读者和校外读者进行区分的时候，高校图书馆要基于"立足校内读者，兼顾校外读者"的原则。与此同时，有三方面的问题需要注意：第一，两个读者群体并不是相互对立的，在一定条件下，他们之间是能够互相转化的。比如，校内读者和学校没有任何关系以后就转为了校外读者；本校读者去其他学校查阅文献也就成了校外读者；校外读者因工作、升学进入高校就成了校内读者。因此，高校图书馆的潜在用户群体是校外读者。高校图书馆向社会开放不仅是一种义务与责任，还是吸引和扩大校内读者群的有利方式。第二，校内读者与校外读者同时需要同类文献出现需求矛盾时，图书馆应在校内读者具有优先权的前提条件下，尽最大努力进行协调，使双方达成一致；特殊情况下，校外读者可以先用，切记不能剥夺校外读者利用资源的权利，这也体现出图书馆人性化服务的一面。第三，应避免少数馆员和个别部门为追求社会化带来的经济利益而偏离服务主体。[①] 高校图书馆要基于以校内读者为主体的情况下向社会开放，以本馆的现有资源及服务能力为基础，制定适合本馆情况的社会开放政策，避免为"开放"而开放的现象出现。高校图书馆之所以将校内读者和校外读者区别对待，完全是为了达到首先服务于本校教学和科研的目的，然后才是面向社会大众开放，最终目标是逐步缩小校内、外读者之间的信息鸿沟，使高校图书馆的资源利用率尽量达到最大化。

二、有偿服务和无偿服务的关系

理论界对高校图书馆在社会开放中实施无偿服务还是有偿服务存在分歧：有的认为应从图书馆的"公益性"出发，借鉴一些发达国家的经验，实施无偿

---

① 周华生，郑瑜，朱甫典.制约高校图书馆知识服务社会化的问题及对策[J].现代情报，2006（5）：35-37，40.

服务；有的认为应考虑到图书馆的经济效益和社会效益，把两者有效结合起来，适当、合理地进行收费。

无偿服务不等同于免费服务。图书馆无偿服务指图书馆对社会开放，提供多种不以营利为目的的资源和服务，而服务过程当中出现的成本费用可以适当收取一些，用来支持图书馆正常运营及开展一些服务。无偿服务是高校图书馆进行社会开放的发展方向。图书馆若实施无偿服务要满足下列条件：第一，有宽裕的经费，可以凭借自身经费把社会开放所带来的人员、资源和管理上的压力处理好；第二，有宽裕的物理空间，接待能力很强，不会侵占本校读者的空间；第三，有丰裕的资源，图书复本数量多，不会因为涌入了很多社会读者而发生社会读者和本校读者争抢文献的情况。现在，有极少数的高校图书馆支持无偿服务，而这样的图书馆大部分集中在发达国家或地区。比如，美国很多大学的图书馆的基础服务都是免费的，而图书阅览、信息查询等服务只要办理一定的手续即可入馆使用，但是，如果要享受外借图书、定向咨询等更多的服务，就需要缴纳押金或者费用。英国高校图书馆把"欢迎公众前来"的标志设在门口，馆内的全部设备和设施都能够免费使用。日本高校图书馆会把一些免费服务提供给社会读者，如熊本大学图书馆向市民免费展示其收藏的珍贵文献"阿苏家文书"；山梨大学图书馆设立"儿童图书室"，免费接待来馆的儿童并提供丰富的服务。综观国内外向社会开放的高校图书馆，其主要应用的是无偿服务和有偿服务相结合的模式，特别是国内的高校图书馆，如果要实现无偿服务，还需克服很多困难。

目前，对于高校图书馆是实施有偿服务还是无偿服务，我国政府相关部门还没有出台明确的政策。因为国情不同，对于国外大学图书馆的一些做法，国内高校图书馆不可以全部借鉴过来。高校图书馆和国家、省、市的公共图书馆是不一样的。从经济活动的角度而言，公共图书馆是典型的公共产品，在设计建立初期就是面向社会公众的，其边际生产成本与边际拥挤成本均为零，增加或减少读者对其运营不会产生直接影响。然而，高校图书馆不完全是私人产品，也不是公共产品，属于准公共产品，在为校内读者提供服务的基础上体现出了公共产品的属性，同时依据学校状况设立其读者规模、物理空间、服务项目、阅览环境。若高校图书馆对外开放，生产成本便会增加，校内读者的利益就会受到损害，因此，高校图书馆需要收取一定的费用，进而对被损害的读者的利益进行补贴。这就表示高校图书馆对外开放无法完全免费，但是也不会根据市场进行收费。

从高校图书馆自身角度来看，最主要的问题是经费问题。如果高校图书馆把对社会开放作为自身日后的常规性工作，并且实行完全免费，这样就需要投入额外成本，包括资料的损耗、管理成本的提高、馆员薪资的额外支出等方面，那么高校图书馆是不会有积极性的。因此，收取社会用户一定的费用是合理且可以理解的。这样既能解决图书馆对社会开放所带来的开销问题，又可以有效地控制外部的低层次需求，不至于使过多来自社会的需求影响高校图书馆校内服务工作的开展。对此，《普通高等学校图书馆规程修订》也给出了明确的规定："面向社会的文献信息和技术咨询服务，可根据材料和劳动的消耗或服务成果的实际效益收取适当费用。"比如，北京大学图书馆、清华大学图书馆、中国人民大学图书馆等，其多数社会服务都是免费的，收取的费用主要是邮资及复印费等。美国开放程度较高的耶鲁大学、哈佛大学、斯坦福大学的图书馆在办理借书证或借书卡时，会收取一定的费用，并列有详细的价目表。高校图书馆并非公益机构，无法取代公共图书馆的地位与功能，特别是向社会开放初期，公民整体素质仍需提升，普通社会公众对图书馆的管理工作造成了很大影响，同时会损耗一些资源。这项工作如果要继续推进，保持高校图书馆向社会开放的积极性，维持经济平衡，就需要收取一些费用，并做出限制，控制读者流量。需要注意的是，高校图书馆不能把收费作为一项营利措施，这样就违背了图书馆的精神。

从社会公众用户角度来看，高校图书馆如果对每一项社会服务都进行收费，则不利于信息资源的社会共享。基于此，高校图书馆的社会化服务应采取有偿服务与无偿服务相结合、免费与收费相区别的原则，在两者持平并重的情况下要考虑社会效益优先于经济效益。一般来看，常规的大众普及和社会教育类服务可划入免费服务；特色专项服务和经过加工增值的服务可划入收费服务。在具体实施中，根据目前我国高校图书馆的特点和现状、服务对象和内容、服务方式和效果等制定相应的划分准则和收费规定，并在服务实践中不断地修订完善。与此同时，希望相关部门或图书馆联盟出台有关政策或指南，使高校图书馆社会化服务有章可循。

三、社会化服务过程中其他关系的处理

（一）资源共享与产权保护的关系

高校图书馆对社会用户开放本馆的资源，必然会涉及知识产权问题。信

息资源是人类认识社会和改造世界的知识产物，是人类社会共有的财富，应该为全人类共享，具有共享性。信息资源共享代表的是广大社会公众的利益，其终极目标是使社会上所有的人不管在何时何地都能自由地获得任何信息，这也是高校图书馆对社会开放的出发点与落脚点。但是，知识产权是一种私权，代表权利人的个体利益，受国家知识产权的保护，因此，两者之间存在明显的矛盾。特别是如今信息技术日益发达，信息资源共享性和知识产权专有性之间的矛盾更为突出。当然，它们之间也是相互促进的，其矛盾也是可以调和的。首先，知识产权能为信息资源共享提供信息来源。知识产品的生产有知识产权的保护和激励，能够促进生产更具新颖性、创造性和实用性成果的积极性，促进更多优秀产品问世。其次，信息资源共享可以促进信息交流、科技进步和经济发展。人们正是通过对信息资源的开发和利用形成新的知识和信息，进而推动社会文明的进步。

高校图书馆在社会开放服务中，要将信息资源共享和知识产权保护之间的关系处理好，充分实现信息资源共享，同时把知识产权保护好，防止出现知识侵权的问题。具体来说，一是要进一步加强知识产权的法治宣传，进一步强化社会读者的知识产权意识，重视知识产权保护工作；二是要在我国法律或法令规定的合理使用范围内使用资源，对那些不受知识产权保护或无保护期的信息资源进行充分挖掘和广泛利用；三是要以有效的技术手段对数字签名技术、访问控制技术、入侵检测技术和 CA 认证技术等产权进行保护；四是要注意保护网络传输权、集成电路布图设计权、植物新品种权、数据库的特别保护等不断创设的知识产权新权利。相关统计数据表明，近年来全国法院受理知识产权纠纷案件的数量逐年上升。因此，高校图书馆在对社会开放的过程中，要尤为注意对知识产权的保护。

（二）普泛性信息服务与特定性信息服务的关系

普泛性信息服务和特定性信息服务是学者在高校图书馆向社会开放服务讨论中提出的两种信息服务概念。[①] 针对普通型读者提供大众化、基础性的信息服务即为普泛性信息服务；针对特定读者（核心用户和科研用户）提供的具有较高学术价值的特殊信息服务即为特定性信息服务。普泛性信息服务一般提供普泛性知识信息，而特定性信息服务则提供特定性知识信息，两者是不同的信

---

① 李美琴.高校图书馆社会化中的普泛性与特定性信息服务[J].湖北第二师范学院学报，2012（1）：133-134.

息服务形态。通常信息服务的层次和质量由信息产品本身的层次和质量决定。通常接受者的素质与能力各不相同，因此低层次信息服务方式一般比较传统、简单。对于专业性较强的高层次信息，通常需要提供专业性服务和创造性劳动，所以要求接受者的综合能力和专业水平较高，服务质量也较高。馆员能深度挖掘、提炼一般性信息，也可能实现高质量服务。假如馆员未能传递好高层次信息或信息交流方式不对，就不可能实现高质量服务。因此，通常高层次信息配合高质量服务，被高素质读者使用，产生较高收益。信息资源的质量与服务水平具有一致性。

无论是普泛性信息服务，还是特定性信息服务，高校图书馆都要引起重视。但是，高校图书馆的资源与人力是有限的，处理好两种服务之间的关系、合理分配资源至关重要。普泛性信息服务主要以无偿服务为主，而特定性信息服务则主要以有偿服务为主。强化特定性信息服务，为科研型读者提供深层次的服务，也要避免普泛性信息服务太多挤压特定性信息服务，依据实际需要开展必要的普泛性信息服务。另外，重点大学图书馆应开展高端专业性信息服务；地方高校图书馆要以服务地方经济为主；专业特色图书馆要提供特定专业服务，充分发挥自身的专业信息优势。无论普泛性信息服务抑或特定性信息服务，都是高校图书馆走向社会的服务目标。

（三）社会效益与经济效益的关系

全面开放高校图书馆的意义非常重大，能使高校图书馆不仅拥有经济效益，还拥有广泛的社会效益。从经济效益来看，第一，高校图书馆在参与社会服务时必须确保不能给图书馆增加经费负担，即社会服务过程中必须保证其获得的经济效益大于或等于经费投入，如此才能保障图书馆的正常运作，从而更好地为社会服务。第二，企业或科研单位等利用高校图书馆的资源与服务时要获得盈利，不然等于无效的活动。第三，高校图书馆要通过与企业家、名人等校友的沟通，争取他们对母校图书馆的捐赠，以获得更好的经济效益，对图书馆的建设发展起到良性循环的效果。值得强调的是，高校图书馆开放的社会效益远远大于经济效益。

1.保障社会读者拥有接受社会教育的权利

高校图书馆承担着"教书育人，科学研究，服务社会，文化传承"的职能。高校图书馆通过向社会开放服务，可以唤起读者的阅读热情，吸引更多的读者走进图书馆，为每位读者提供平等的获取文化信息资源的权利。同时，高校图书馆环境优美，收藏文献品种丰富，阅读空间优雅、舒适，配以先进的网络设备，可以带给社会读者更多的视听享受。社会读者通过在图书馆的学习，可以满足终身教育的需要，实现自身的可持续发展。

2. 弘扬先进文化，构建和谐社会

高校图书馆有着极为丰富的文献资源，其工作人员都有较高的素质、较强的服务社会的能力，如果对社会开放，则是对公共图书馆体系的极大补充。高校图书馆可以凭借本馆资源，弘扬民族先进文化，引导公民阅读方向，改变公民知识结构，提高公民的知识水平和思维能力，从根本上提升公民的综合素质，特别是道德素养，从而为和谐社会的构建做出贡献。

3. 体现社会的公益责任与人文关怀

"以人为本、读者至上、服务第一"是高校图书馆长期坚持的宗旨。高校图书馆通过向社会开放，把优质、高效的服务提供给社会读者，体现出了人文关怀，促进了社会和谐发展。例如，深圳大学图书馆、北京大学图书馆等多家高校图书馆都专门设立了残疾人阅览室，为残障人士使用图书馆提供了完善的服务。又如，日本实践女子大学利用学校自身的保育士课程专设儿童读书角；沈阳师范大学图书馆在沈阳春天幼儿园设立儿童图书专架，定期为其提供适合幼儿阅读的图书。这些举措都充分体现了高校图书馆的社会责任感，以及对社会民众的人文关怀。

4. 促进地方经济建设，助推社会经济发展

我国经济正处于高速发展阶段，社会信息变化极大，对文献信息的需求方面，无论是地方政府领导还是企事业单位的决策层，都非常急迫，对参考信息的质量要求也提升了。与公共图书馆相比，高校图书馆的资源和人才优势相对比较明显，其为社会开放，并参与社会在经济领域、政策、人文、社会动态等信息市场的竞争，让信息资源成了商品，从根本上促进了地方经济发展；另外，还能提供信息，指导广大群众从事生产、经营、开发等经济活动，推动社会经济发展。

5. 推动图书馆事业发展，弥补公共图书馆体系的不足

我国公共图书馆因为经费和政策上的问题，在体系建设方面相对缓慢，至今仍不能满足民众对文化信息的需求。完善公共图书馆的服务体系是一个长期且艰巨的工程。相对来说，合理开放高校图书馆资源，与公共图书馆组成共享体系，更切合实际，可以有效弥补图书馆发展的不足。与此同时，高校图书馆的活力激发了出来，进而将图书馆的发展思路拓宽了，推动了图书馆事业向前发展。

图书馆经济效益是借助信息资源和馆员劳动消耗与劳动成果之比表现出来的，具有经济性质，同时必须通过其劳动成果与社会实效的对比关系加以检验，而这种检验又决定了图书馆经济效益具有社会性的特质。因此，图书馆开放服务中的经济效益是实现社会效益的保障，社会服务的收入为图书馆取得良好的社会效益提供了资源保障和人才保障。经济效益包含在社会效益之中，以社会效益为出发点，坚持经济效益与社会效益的统一。不能从纯经济角度评判图书馆的经济效益，把经济效益仅限于图书馆的有偿收费，也不能将图书馆的经济效益与图书馆的社会效益对立起来，甚至单纯追求图书馆创收而置社会用户利益于不顾，要正确处理两者之间的关系，既要创造社会效益，又要获取最大的经济效益，使两者有机结合、互为促进，达到完美的统一。在目前的开放理念中，经济效益是狭义的，社会效益是广义的。相对于经济效益，社会效益更为重要。高校图书馆的开放应满足社会民众对文化生活的需求，使他们的文化水平得到提高。这是高校图书馆必须承担的义务，也是高校图书馆对社会开放的出发点和最终目的。

第二节　当前高校图书馆社会化服务的基本情况

早在 20 世纪 80 年代，高校图书馆的社会化服务问题就已经被提出，但是实践没有及时跟上理论发展的步伐。相关数据显示，国内高校图书馆的社会化程度较低。但近几年，国家和社会越来越重视高校图书馆社会化服务，不断扩展社会化服务范围、丰富服务项目，使高校图书馆社会化服务取得了一些成就，逐渐步入正轨。

一、社会化服务意识不断增强

目前，各高校图书馆的社会化服务意识正在不断增强，起初高校图书馆社会化服务观点一经推出，就在图书馆界引起了轩然大波。"开放派"与"不开放派"展开了激烈的辩论。持"开放"观点的人群认为，公众是高校图书馆经费的主要提供者，因此高校图书馆有义务为公众服务，而且图书馆资源属于公共资源，对外开放可以扩大高校图书馆的社会影响力，也可以提升资源利用率。他们还认为，公共图书馆事业发展不平衡，基础较为薄弱，而拥有丰富信息资源的高校图书馆应帮助其他图书馆。持"不开放"观点的人群认为，我国不同类型图书馆的职能不同且非常明确,为本校教学科研工作服务是高校图书馆的职能,而不是面向社会开放,因此不应该向高校图书馆提出开放要求。即使公共图书馆事业发展不平衡、基础薄弱,也不应该让高校图书馆来承担解决社会民众信息需求的问题的责任。截至目前,对高校图书馆面向社会开放没有任何相关的法规做出明确的规定。

不管双方争论多么激烈,高校图书馆向社会开放已经成为信息时代的必然选择,资源共享是图书馆蓬勃发展的必经之路。中国图书馆学会年会于 2008 年正式发布了《图书馆服务宣言》,对 "高校图书馆如何开展社会化服务" 这一问题进行了讨论,并强调 "现代图书馆秉承对全社会开放的理念",这无疑将高校图书馆社会化服务推上了新的台阶。首都图书馆联盟于 2012 年 3 月 12 日成立,北京大学图书馆馆长朱强在大会上提出:"高校图书馆并不是与社会隔绝的,以前只是有条件地接待部分社会读者。加入联盟后,高校图书馆将把接待社会读者的服务进一步制度化,并完善相关配套设施,逐步向社会公众免费开放。"这说明大多数高校已经接受高校图书馆应向社会开放,为社会服务这一观点。接受高校图书馆社会化服务理念意味着,高校图书馆增加了负担、困难,也多了新的挑战。比如校外读者与校内读者争夺资源、文献购置经费、阅览空间、馆舍面积等基础资源问题,若这些都没办法保障,就更不要说提供优质高效的服务了。另外,在社会化服务过程中,图书馆的管理难度、工作人员的服务能力等问题都不容忽视,对这些问题,高校图书馆要进行理性的分析,为高校图书馆的社会化服务提出针对性的意见与指导,注意不能没有限制地向所有民众开放,应有条件、有限制地开放。

二、社会化服务实践不断深入

高校图书馆社会化服务实践随着社会化服务意识的不断增强而不断深入。最早开始有限制地实行 "部分开放" 的是以北京大学、深圳大学为首的部分高校图书馆。这意味着在开展社会化服务的道路上,高校图书馆实现了 "破冰"。之后,国内其他高校图书馆在 "领头羊" 的带领下陆陆续续开始向社会开放,提供服务。此时,高校图书馆向社会开放提供的主要服务是馆藏资源的借阅和浏览。同样,这种开放是有限制的,如中山大学、清华大学、北京大学等图书馆办理临时阅览证必须有单位的介绍信,而且不提供外借服务,只能浏览馆内的文献,且只有一天的浏览时间,部分资料要收取费用;中国人民大学图书馆提供普通书刊的免费借阅服务,但是对借阅特藏资源要求缴纳一定的资料费。

随着计算机技术及信息技术的运用，信息的获取方式发生了巨大变化，高校图书馆开始为社会读者提供参考咨询、信息检索等服务。重庆、广州、北京等经济发达的城市是主要集中开展社会化服务的高校图书馆所在地。此时，限制条件也比以前有所放宽，人们凭借有效身份证件即可办理借阅证。社会读者除可以浏览、借阅图书馆的图书资源外，还可以使用电子资源。

随着信息技术的普及，高校图书馆的社会化服务也进入现代化阶段。如今，高校图书馆有各种类型的数据库资源、视频、音频、纸质等资源。另外，随着图书馆信息资源类型的增加和读者信息需求的变化，高校图书馆社会化服务方式也发生了巨大的变化。各省市重点院校图书馆都不同程度地开展了社会化服务，还有的为不同行业的用户提供专题信息服务。

三、社会化服务范围不断扩展

高校图书馆的服务范围随着高校图书馆社会化服务的开展而不断扩大，其服务对象由本校教师、学生及科研人员逐渐向社会团体、所在区域内的公众、全国范围内的公众、世界范围内的公众拓展。目前，我国开展社会化服务的高校图书馆只有少数为全国范围内的公众提供服务，绝大部分仅为所在区域内的公众提供服务。

高校图书馆的社会化服务范围和服务条件关系密切。一些高校图书馆在刚开始为社会用户提供服务时提出了以下条件：第一，要携带本人有效身份证；第二，一定要有单位介绍信或有关担保书。这就将大量想进入高校图书馆的社会读者拒之门外。有一些高校规定，只有长期居住在高校附近的居民才能办理借阅证。还有的图书馆提供给社会用户的服务范围是有限的，如只有极少部分的书库向社会读者开放，借阅数量也很少。这使社会读者的积极性受到了很大的影响。

但是，最近几年，随着高校图书馆社会化服务进程的不断加快，其限制条件逐渐减少，并简化了办证手续，扩大了服务范围。这不能不说是高校图书馆社会化服务进程中的一大进步。

四、社会化服务项目不断丰富

随着高校图书馆开放程度的进一步加强，其社会化服务内容经历了从馆内阅读到借阅服务再到个性化服务的不断丰富的过程。

高校图书馆社会化服务初期仅限于实体资源向社会开放，并依据相关规定，社会读者去高校图书馆只能阅览文献。而后有的高校图书馆要求社会读者缴纳一定押金后便能免费借书和阅读。之后，许多高校图书馆陆陆续续向社会开放了其他服务。

最先开放的是图书馆的电子资源，如多媒体资源、网络数据库、特色资源等，满足了不同领域读者的信息需求。随着高校图书馆社会化服务的进程加快，参考咨询服务走入了社会读者的领域，帮助他们处理现实当中遇到的问题。针对本馆无法满足的资源，有些高校图书馆还为社会读者提供馆际互借和文献传递服务，从而满足了他们对资源广度的需求。此后，众多高校图书馆作为科技查新站，把科技查新与查收、查引等服务也向社会读者开放，满足了他们对资源深度的需求。有些高校图书馆有针对性地开展了多种讲座和培训，为普及知识和提高人们的业务技能等提供了新途径。此外，有的高校图书馆还为社会读者提供了知识服务和个性化信息服务，如组织读书节、影视展播、特色展览，开展各种征文活动、影评活动、书评活动、竞赛等。

不断丰富的服务项目既是高校图书馆社会化服务的实际成果，又是对高校图书馆社会化服务的一种推动。虽然并不是所有高校图书馆的社会化服务项目都非常丰富，但是分布在不同高校图书馆的这些服务项目对其他图书馆有重要的借鉴意义。其他高校图书馆可以在这些服务的基础上，根据本馆特点，开展更加深入、实用的本土化服务项目，从而推进国内高校图书馆社会化服务的进程。

第三节 高校图书馆社会化服务模式

我国高校图书馆社会化服务有其自身独有的模式，其服务形式随着社会化服务理论研究的加深和实践的丰富而有所变化。

一、传统服务模式

高校图书馆社会化服务中，文献借阅服务是最简单、最直接的服务，并且许多人认为一所高校图书馆是否真正实现了社会化服务，其主要标志是是否对社会读者提供文献借阅服务。这样的观点，其实是误读了高校图书馆开展社会化服务的初衷，但也从侧面反映了社会人员对与高校师生享有同等权利的传统信息服务的重视。

文献借阅服务主要是通过向社会读者发放借阅证来实现的，但是各高校图书馆向社会读者提供借阅证的证件类型并不统一，有提供长期借阅证的，也有提供临时借阅证的，而临时证件的使用期限也不尽相同。很多高校图书馆采用的方式是多种证件类型同时存在，如山东工艺美术学院图书馆既提供期限为一年的借阅证，也提供期限为半天的临时借阅证。高校图书馆对社会人员提供借阅服务是在不影响本校读者的前提下进行的，要根据图书馆空间可容纳的读者数量及社会化服务能力等条件来决定，因而要适当控制借阅证的发放数量。

当然，除了办理有关证件外，文献借阅服务还提供临时性的社会服务，即不办理借阅证件，在社会读者需要的时候，可到馆索取相应服务的方式。

为社会人员提供文献借阅服务对于高校图书馆而言是最为直接的，但是，若要从真正意义上将其实现，则需要高校图书馆首先满足本校师生的文献信息需求。若将本校师生的需求满足以后，还有能力与空间，高校图书馆便可以提供社会化服务。

馆藏资源多且利用率低的高校图书馆，可以在满足本校师生读者需求的前提下，无限制地给社会读者提供服务；馆藏资源与空间有一定局限性的高校图书馆则可以侧重发放临时阅览证。比如，一些学校根据自己图书馆的馆藏资源特色，把借阅浏览的服务提供给专业对口的研究机构；有的则依据社会读者的学历和职称进行确定；还有依据区域来确定的，只对学校周边的居民提供服务。

二、数字信息服务模式

高校图书馆数字信息资源具有系统性、专业性、及时性与实用性等特点，具有较高的层次与质量，可以把当今中国以至世界有关专业的最高水平与最新发展动态体现出来，从数量来看，也是很多地区公共图书馆不能与之相比较的。社会上的专业技术人员与研究型读者非常渴求专业知识，而高校图书馆拥有从公共图书馆不能获得的专业文献与各类数据库资源。

随着互联网的普及和信息技术的发展，越来越多的高校图书馆开设了数字资源服务功能，同时，越来越多的社会读者喜爱突破时间与空间限制的网络文献阅读方式。因此，高校图书馆将馆藏文献资源对社会开放，一方面，有利于资源信息的流通和社会化服务，通过数字信息的开放使不同高校图书馆之间的资源实现了共享和互通；另一方面，高校图书馆可以借助网络的便利性获取社会读者的反馈，为高校图书馆进一步完善社会化服务模式奠定基础。但是，由于网络环境的不稳定性和危险性，高校图书馆在将数字资源对外开放时，要重点加强保护措施，既要防止病毒的侵入与不法访问，也要对信息资源的版权给予充分的保障，避免版权纠纷问题的产生。

三、无偿服务模式

国内高校图书馆提供的众多社会服务方式中，无偿服务是最多的，如为社会读者提供参考咨询服务、数字信息服务、主动推送服务、用户教育与培训等，这些也正是社会读者所期盼的。但是针对高校的图书馆而言，这些服务实现起来并不是很困难，其开展社会化服务的顾虑是，校内读者的信息空间与资源被社会读者占有。然而，对比以上提及的免费服务，这样的顾虑是多余的。所以，有的高校图书馆将以上提及的免费服务都开放了。

数字信息服务是指高校图书馆利用数字技术、网络技术实现的信息服务。数字信息服务可以突破时间和空间的限制，为社会读者提供更多灵活、主动的服务。对于科技进步带来的优势，诸多高校图书馆都已牢牢握于手中，如此，可以在社会化服务中体现出重要的作用。除此之外，有的高校图书馆把自身组织优势利用起来，整理加工网上随机、分散且毫无秩序可言的信息，进而形成有序、稳定的信息资源导航，将一些领域的最新动态与有关资料提供给社会用户，让他们掌握信息的主动权。广州大学图书馆在这一点上起到了引领作用，如与政府共同合作，开办政务咨询厅，把丰富的政务信息提供给政府与市民；将一些经贸信息（政策法规、分析报告、投资指南）提供给商家；将周到的办事指南提供给来政府服务中心办事的人员。目前，很多高校图书馆将其数据库资源对社会读者开放。数字信息服务可以使高校图书馆与社会用户、其他图书馆、相关行业之间更加方便地协作与交流，在服务与资源方面能够互通有无、取长补短，真正实现信息资源共享。

参考咨询服务是图书馆社会化服务中最普遍的服务形式，它是基于图书馆丰富的信息资源，以知识渊博的图书馆工作人员为关键，基于先进的网络与计算机设备，为远程的社会用户提供服务的一种方式。参考咨询服务分为常规咨询和专题咨询两类。常规咨询主要是对社会读者进行一般性问题解答，让用户可以与咨询人员进行实时咨询。专题咨询是针对专业性较强的问题而开设的，比如，通过对各种类型的馆藏资源的组织加工、深层次挖掘，并辅以网络信息资源，为社会读者提供定题情报跟踪、专题编译等定题服务；可以根据用户群体的不同需求展开参考咨询服务，如根据农村农民的生产生活需要，进行书目推荐、农业科学技术普及等服务，指导农村及时掌握先进技术，依靠科技兴农，为建设社会主义新农村贡献力量；也可针对时事政治收集、整理相关信息并以专题报道等形式提供给领导，为领导提供政治发展动态，做好他们的参谋和助手。

高校图书馆为社会读者开展的主动推送服务是高校图书馆社会化服务中最为灵活的方式。这种服务方式本着主动服务的理念，对社会读者进行分类并预测其需求后对相关资料进行收集、整理，通过网络或邮寄等方式送达社会读者手中。目前，很多高校图书馆开展的送资料到企业、送书到社区、联合开展农家书屋等活动，都实现了图书馆与企业、社区等的互利共赢。

高校图书馆社会化服务的另一个重要内容是用户培训和教育服务。高校图书馆做好校内用户培训与教育之后，在社会用户和教育上便可以发挥更重要的作用。社会用户的教育和培训涵盖面很广，包含信息的收集、预测、分析、评估等，可联合当地的科技管理部门共同举办用户培训和教育，以专题的形式开展，就像针对企业专利的情报收集分析的专题讲座能吸引社会用户。这样既可发挥高校图书馆丰富的资源优势、专业的信息能力，又为社会用户的培训和教育提供了一种方便的渠道。高校图书馆发挥用户教育与培训的职能，是知识经济时代社会对高校图书馆提出的要求，也是高校图书馆回报社会的有效方式。因此，高校图书馆更应该加强对用户培训与教育社会化方面的研究，探寻其最佳途径，为社会经济、科技的发展做出应有的贡献。

四、有偿服务模式

高校图书馆为社会读者提供的服务内容中，也有经营型的有偿服务模式。长久以来，一直备受争议的就是图书馆的有偿服务与无偿服务模式。提倡无偿服务的人们认为，图书馆是公益性服务机构，经费源自纳税人，所以不应收取服务费用。提倡有偿服务的人们认为，读者最基本的需求应免费，像科技查新、文献传递需求较高的则应该收费，因为这样的服务也是有成本的，实行的过程中，服务人员要付出的精力很多，同时如扫描费、复印费、数据库使用费等也都会出现，而对于这些图书馆不应该承担，况且，并非只是对社会读者收费，校内读者亦如此。高校图书馆对社会读者收费的原因还有，图书馆是毫无任何限制与条件的对外开放，对校内读者使用信息资源上造成影响，所以用这样的方式限制读者人员总量。高校图书馆社会化服务中，经营型服务模式的主要内容如下。

（一）科技查新服务

这项服务是高校图书馆提供社会化服务的主要内容之一，还是社会用户相对熟悉的服务项目。因社会的发展，科技的重要性逐渐凸显出来，然而在科研管理中，科技查新是一项重要程序，在科研立项、成果鉴定上，社会用户需要具有查新资质的情报服务机构出具的科技查新报告。现在，我国的科技查新机构主要集中在省市级的科技信息研究所及一些高校图书馆。科技查新的性质决定了科技查新对社会用户来说具有被动接受的特性，而高校图书馆人员的专业素质、地理位置、社会影响等都让社会读者乐于接受，因此科技查新服务成为我国高校图书馆开展社会化服务的一项主要内容，也是高校图书馆参与地方情报服务的一种重要形式。在科技查新期间，服务人员会进行大面积的检索和论证工作，同时在线收费的数据库资源也会应用到。在服务中，会产生人力与资金上的成本，这也不是图书馆的基本服务，所以，进行收费也是合情、合理的。对于科技查新服务的收费情况，目前社会上也都认可了。

（二）定题跟踪服务

定题跟踪服务也可以被称为信息增值服务。在最开始的时候，定题跟踪服务是主要的服务形式，是根据读者自身需求，一次性或者定期传送给读者与其需求相符的最新信息的服务模式。对于非常简单的定题服务来说，图书馆是不收取任何费用的。但是，由于服务的广度及深度的进一步深化，此项服务已经升级为知识服务，即通过分析、总结归纳大量的相关原始资料，为不同用户群体需要处理的问题提供不同的决策意见。由此可以想象此类服务的深度与难度，同时，其也不属于图书馆基本服务范围，所以应该理解并接受此项服务的收费情况。

（三）文献传递与馆际互借服务

若是在本馆的读者需要文献的时候本馆无法满足，那么便可以依据馆际互借制度、办法、协议、收费标准向其他图书馆或单位借入或复制文献来满足读者的需求，而这样的方式即为文献传递和馆际互借。此服务在高校图书馆开放社会服务前就已经形成一定的规模了，对满足读者需求起到极为重要的作用。随着高校图书馆社会化服务的展开，此项服务成了图书馆为社会读者提供服务的重要途径，社会读者可以通过这种服务方式获取自己所需要的信息资源。同时，在文献传递过程当中肯定也会产生邮寄、打印、扫描、查询费等硬性费用。然而这些费用并不包含在高校图书馆的服务费用当中，所有产生的上述费用如果都由图书馆单方面来承担显然也是非常不合理的，原则上应该由申请人承担。在此项服务上，大部分的图书馆会根据自身的实际情况相应地给予一定的补贴。

（四）其他的有偿社会化服务

在办理借阅证的时候，高校图书馆会收取费用或者一定的押金。这在高校图书馆社会化服务进程当中是最常见的一种收费服务，同时还存在一些其他的收费服务。高校图书馆对社会读者办理借阅证收取一定费用，有以下三点原因。第一，无法满足本校教师和学生的借阅。随着高校图书馆开放程度越来越高，更多的社会读者可以把图书馆的资源充分利用起来，这样就会出现资源缺乏的现象，然而为了保证本校的教师和学生的借阅需求，所以对社会读者收取一定的服务费用。第二，社会读者的素质问题。大范围的积极开发代表了越来越多的社会读者可以参与到高校图书馆的借阅当中，充分利用图书馆的资源提升自身能力，但是，由于社会读者的素质参差不齐，借阅超期不还、损坏图书等违规现象时有发生，甚至有的发展到无法掌控的局面，所以高校图书馆会收取一定的押金防止类似事情的发生。换言之，如果想要将此类现象完全杜绝，就需要出具相关的规章制度，对社会读者的借阅行为做出一定的约束，更安全地保护高校图书馆珍贵的信息资源，让更多的读者从中获益。第三，高校图书馆的正常运营需要消耗庞大的人力、物力、财力，如信息资源的补充、工作人员的薪资、日常损耗等都离不开钱。为了保证高校图书馆的正常运营，同时可以长时间给社会群众提供借阅服务，对一些服务进行收费也是合乎情理的。除此之外，场地租借、特色展览、视听资源播放、多媒体资源利用等特色服务，可以根据各图书馆自身的现实状况收取一定的费用，抑或不收任何费用，给社会读者提供免费的服务。

五、针对不同读者提供不同服务

高校图书馆所面对的读者类型，随着高校图书馆社会化进程的不断推进而发生了重大变化，之前服务的主要对象是本校的教师和学生，现在增加到农村用户、企业用户、政府用户、科研用户、普通用户等多种多样的读者。依据目前这种情况，各高校图书馆把读者进行了分类，然后依据不同类型读者的需要，进而采取不同的服务方式抑或提供个性化的服务。

（一）普通用户

退休人员、社会在职人员、中小学生、社区读者等是最主要的普通用户，同时，他们也是社会化服务过程中人数最多的群体。高校图书馆在选择面向普通用户的社会化服务模式时，要全面分析他们的需求，以及他们应用图书馆的目的，这样，高校图书馆的社会化服务才更具有实用性和针对性。其中，中小学生的目的通常都是拓宽自身的知识，因而图书馆会为他们提供科普类资料。在职人群通常处于事业上升阶段，对和自己事业相关的信息比较感兴趣，因而图书馆可以根据这类读者的需求提供财经、法律、管理、技术、时事方面的信息，与此同时，也可以开展多种类型的专题讲座以提升他们的个人素质。对于退休人员而言，他们主要是为了休闲娱乐，对此，高校图书馆可以举办类似小型音乐会、朗诵会、书评会等相对轻松一些的活动满足他们的需求。

开展这些服务都是具有一定条件限制的，因为高校图书馆大部分在城市内部，开放空间会受到一定的限制，针对普通用户会开展文献借阅服务。如果让他们都来图书馆借阅文献、利用资源与空间，会给图书馆的工作人员造成很大的压力，同时高校教师和学生利用图书馆的资源也会受到一定的影响。所以，通常高校图书馆采用"走出去"战略，如与社区合作，建立社区图书馆，让社区的读者们在社区内便可借阅文献。例如，"常州工学院图书馆社区流动图书馆"是常州市天宁区天宁街道与常州工学院图书馆合作建立的，并开展"心理按摩知识"及"科学家教进家庭"讲座、"携手共建和谐社会"活动，最大限度地将丰富的馆藏资源服务于社会，提高了先进文化的辐射力和影响力，有效地发挥地方高校服务地方经济文化建设的作用。

（二）科研用户和本校毕业生

科研用户获取最新科研信息的重要渠道之一是高校图书馆的资源。科研用户的外语水平、专业技能、整体素质等均高于普通用户，主要来自其他高校或科研院所，且他们的信息需求通常难度较高，也不局限于某一学科领域，而是关联着多学科领域。获取信息的时效性、便捷性是科研用户主要看重的地方，因此需求方式具有互动性、自助化、电子化等特点。所以，高校图书馆在向科研用户开展社会化服务的时候，需要构建便捷的信息服务平台，实现数字资源的远程访问、参考咨询的即时回复、专题信息的及时推送。

面向科研用户服务的信息服务平台是指以计算机软硬件系统为依托构建的

能够实现科研信息服务相应功能模块的应用型平台。平台中应整合相应的科研资源与服务，让图书馆馆员、用户可以在平台中进行双向互动与沟通。平台应具有一定的扩展性。

（三）政府用户

随着改革开放的深入发展、市场经济的逐步完善及加入世界贸易组织后社会信息化程度的不断提高，政府机关部门在决策时会遇到更多的新问题、新情况，而且这种现象层出不穷。这就要求在决策前进行大量快捷、准确的信息收集，从而准确洞察和总揽全局，预测并把握信息走势，做出正确决策；决策后，也需要及时、全面地了解和掌握各种信息动态，特别是关乎大局的深层次的情况，关注带有倾向性、苗头性的突发信息，把握时机，及时调整发展计划和发展战略，以利于社会经济的长远发展。决策具有非常重要的作用，它的正确与否直接关系到一项事业的兴衰存亡。因此，高校图书馆实现社会化服务时，政府用户是一种重要的用户类型。

高校图书馆拥有非常广泛的学科资源、相对系统的基础理论研究，信息分析上很少受到行政组织的制约。高校图书馆还拥有很多专家学者，他们都有着丰富的知识和较高的学术水平，同时具备科学的研究能力和方法。高校图书馆可以利用高校的这种信息资源与人力资源的优势，充分地为政府用户服务。高校图书馆可以为政府部门提供所需的信息服务，帮助政府寻求合理的决策方法，审时度势地为政府提供有效的信息预测，并能为政府用户进行周密、翔实的决策分析，使其做出及时、科学的决策。

广州大学图书馆与广州市政务服务中心合作共建"政务资讯厅"项目。广州大学图书馆负责"政务资讯厅"建设期间的功能设计、内部布局、家具采购、图书期刊选择、网络对接调试等具体工作以及建成运作后的资讯服务提供。政务资讯厅建成并向社会公众开放，为企业、投资者及市民提供最权威的经贸、投资、政务等信息服务，为建设集中办理、统一管理、公开透明、信息共享、便民高效的广州市政务服务中心提供了有效的信息支持，也提高了广州大学图书馆的知名度和美誉度。

（四）企业用户

自改革开放以来，我国各行各业都在蓬勃发展，而在此期间也诞生了很多民族企业。这些企业已经成为我国社会、经济发展的主力军。随着社会经济的不断发展，企业也在逐渐激烈的竞争中想方设法让自己立于不败之地。但我国目前大多数企业中信息的满足率非常低，对市场信息把握率非常有限，对企业的产品在行业中所处地位的信息把握更是不够，对竞争对手的相关信息也了解甚少。一个不容乐观的事实是，这些企业自己获取信息的能力非常有限。我国只有不到10%的企业能够通过自身的力量获取所需的信息，几乎90%的企业都处在信息"营养"不良的状态。高校图书馆以企业用户为服务对象，这是我国企业发展、经济腾飞的需要，也是高校图书馆在知识经济背景下增强影响力和作用力的需要。

因此，很多高校图书馆面向企业用户开展了相应的信息服务。比如，福州大学图书馆成立信息服务中心，根据企业的需要，开展了有针对性的服务，并深入企业内部，通过各种方式挖掘隐性情报，创建了企业数字资源导航网站，实现了企业资源数字化，深受企业的欢迎，中心业务应接不暇；中国矿业大学图书馆基于行业协会为企业提供相应的信息服务；温州大学图书馆联合公共图书馆为中小企业提供信息服务。这些都是高校图书馆为企业用户提供服务的成功实践。

（五）农村用户

一个国家和地区的发展离不开农业经济。我国作为农业大国，农业经济一直占据着举足轻重的位置。现如今，全球经济一体化，信息技术日益成熟，农业经济的发展固然也离不开高新技术的应用。农业的生产进程受到农民知识水平的影响，所以提升农民的知识水平就显得尤为重要。我国图书馆服务的重要内容之一是面向农村用户开展农业信息服务，这是一项艰巨的责任和使命，高校图书馆应义不容辞地担当起来。面向农村用户的社会化服务包括以下两点：第一，向农村用户提供农业信息服务；第二，指导农民将这些信息充分应用到农业生产中。高校图书馆在开展面向农村用户的社会化服务时，首先要高度关注农村和农民们的需求；其次要将高校图书馆工作人员的能动性充分体现出来，去分析、收集、阅读各种农业学科文献和了解农业科研动向，积极主动地投入农村服务中；最后要利用技术传授、内容解读、提供信息等方式教会农村用户利用与开发信息资源，从而让农村用户可以更精准、快速地掌握农业新技术与生产农业新产品。对于我国的农业发展与经济进步而言，面向农村用户的社会化服务有着重大的意义与作用，因此要进一步加大面向农村用户的社会化服务力度。

一些高校图书馆主动尝试对农村用户的信息服务。天津农学院图书馆多次为社区农民和农业企业用户提供如农产品信息、农业专家信息、农业病虫害信息、农业科技成果信息等农业种植与养殖方面的信息，还组织农业技术专家解答农业生产上的问题；向农业企事业单位、农村、农户提供多种经营的经验和实用技术；为农业中专、职校、农业从业人员提供远程教学和继续教育，为农业生产第一线的科技工作者提供继续教育的机会，同时还在图书馆网站上提供网上教学。

六、建立图书馆共享联盟

在信息化社会，任何一家图书馆的文献信息资源都是有限的，而全社会的文献信息需求则是无限的。满足用户日益多元化的信息需求，适应信息时代竞争下生存和发展的需要，最大限度地发挥人力、财力资源的作用，这是图书馆开展合作与信息资源建设的根本动力。以合作与共享促进发展，已成为国内外各类图书馆的共识。各种类型的图书馆联盟方兴未艾，代表图书馆的发展趋势。

以高校为主体的异质性区域图书馆联盟就是整合区域内高校、公共、科研等各类图书馆资源，以资源共建共享和开展用户服务为目的而结成的图书馆联盟。之所以把高校作为主体，是因为高校在区域图书情报领域具有理论水平较高、技术较先进、资源相对丰富等优势。而高校图书馆实现社会服务功能，则是秉承图书馆共享、开放的理念，实现文化信息资源互补，缩小社会数字鸿沟，为更多的用户服务。这就找到了高校图书馆与公共图书馆服务的共同性，成为联盟建设和可持续发展的动力。

横向的、异质性的区域图书馆联盟形式成为架起社会化服务的桥梁。通过这个切入点，高校图书馆利用自己的资源、技术优势为公共图书馆提供支持，利用联盟资源直接为区域所有用户提供服务，在提高公共图书馆为一般用户服务的能力的同时，间接地服务于区域所有用户，实现开放下普遍服务的理念。同时，公共图书馆的地方特色资源也为高校师生用户提供了地方特色资源服务。联盟的建设，实现了资源信息的开放性和服务的开放性功能，成为区域开放的知识和信息中心。

第五章

高校图书馆社会化服务
保障及评价机制

第一节　相关法律法规依据

高校图书馆向社会开放提供社会化服务，而国内外图书馆法律、法规，及各种条例、规则等提供了比较充分的依据和保障。

一、国内外相关法律、法规

《公共图书馆法》是世界上首部全国性图书馆法，是 1850 年由英国制定的。1947 年，英国对《公共图书馆法》进行了修改并颁布；之后在 1972 年制定了《大英图书馆法》。1871 年，德国颁布了《图书馆互借法令》《出版物缴本送呈制度》等法规。1969 年，联邦德国政府通过了《关于德意志图书馆的法令》，给予法兰克福的德意志图书馆以国家图书馆法律地位，成为联邦实体；2006 年扩充条款并更名为《德国国家图书馆法》，有力保障了图书馆事业的发展。《美国图书馆法》是美国于 1925 年制定的。只要是美国的大学都有权享受联邦政府的补助，而这一规定出自 1965 年制定的美国《高等教育法》。除此之外，美国还制定了《数字千年版权法》《美国图书馆互借实施规则》等一系列关于图书馆的法律、法规。这些都为高校图书馆开展社会化服务提供了法律依据和保护。

为确保图书馆事业的顺利发展，日本很早就开始颁布一系列与图书馆有关的法令，如第二次世界大战前颁布的《图书馆令》、1948 年颁布的《国立国会图书馆法》、1950 年颁布的《图书馆法》、1954 年颁布的《图书馆自由宣言》，同时也明确指出图书馆要为公众提供服务。日本于 1953 年颁布的《大学图书馆改善纲要》、1961 年颁布的《公立大学图书馆改善纲要》都提到了高校图书馆要进行对外开放。1986 年《关于国立大学图书馆实施开放服务目前的对策》的调研报告中指出："大学图书馆为适应社会的需求，必须要开放。"

1983 年，《信息自由法》在加拿大生效。从此，大众可以更方便地利用政府的情报资源。1985 年，《国家图书馆法》正式生效，至今仍在沿用。

韩国于 1963 年颁布了第一部《图书馆法》，之后相继修订和颁布了《图书馆振兴法》《图书馆法》《图书馆法实施规则》《学校图书馆振兴法》等一系列配套的法律、法规，与图书馆有关的法律达到 200 多部。[①]

我国的《普通高等学校图书馆规程》《中华人民共和国高等教育法》《中华人民共和国宪法》等相关法律、法规中可以找到图书馆法律、法规。

《中华人民共和国宪法》第一章第二十二条规定：国家发展为人民服务、为社会主义服务的文学艺术事业、新闻广播电视事业、出版发行事业、图书馆博物馆文化馆和其他文化事业，开展群众性的文化活动。开展社会化服务是宪法赋予高校图书馆的神圣权利和不可推诿的义务。

《中华人民共和国高等教育法》对图书馆工作并没有直接进行规定，但其中有不少与图书馆工作相关的内容，如第十一条规定高等学校应当面向社会，依法自主办学，实行民主管理；第十二条规定国家鼓励高等学校之间、高等学校与科学研究机构以及企业事业组织之间开展协作，实行优势互补，提高教育资源的使用效益。这是从立法角度对高校提出的工作要求。图书馆作为学校的一个部门，应当充分利用自身资源优势，不断提高图书馆资源的使用效益，面向社会，服务社会，满足社会各阶层需求。这项工作是对《中华人民共和国宪法》内容的进一步体现，同时也对高校图书馆工作提出了新课题。因此，高校图书馆应当打破服务对象界限，加强与公共图书馆和科技图书馆之间的合作，强化为全社会服务的职能，让广大社会用户同样能够享有高校图书馆的资源。在各种法律、法规中或多或少地从各个方面对高校图书馆服务社会的功能进行了规定，但这些规定并非强制性规定，而是在人为条件具备的情况下对社会进行服务。

1980 年，中共中央书记处第二十三次会议通过了《图书馆工作汇报提纲》（以下简称《提纲》）。《提纲》约 5000 字，分为基本情况、当前存在的问题及对今后工作的几点意见三个部分。迄今为止，《提纲》是我国唯一由中共中央书记处正式通过的总纲领，它在我国公共图书馆事业管理体制的确立、公共图书馆事业的发展、少年儿童图书馆的发展、图书馆学情报学教育的发展和图书馆学术研究五个方面产生了积极作用和深远影响。

教育部于 2002 年 2 月 21 日印发的《普通高等学校图书馆规程（修订）》第二十一条规定："有条件的高等学校图书馆应尽可能向社会读者和社区读者开放，提供面向全社会的文献信息和技术咨询服务，可根据材料和劳动的消耗或服务成果的实际效益收取适当费用。"这是我国首次以法规的形式把社会性服

---

① 李炳穆，太贤淑，段明莲.韩国图书馆法[J].图书情报工作，2008（6）：6-21.

务纳入高校图书馆定位的范畴，无疑将提高高校图书馆的办馆效益。

我国图书馆立法工作所取得的进展是不可忽视的。我国的图书馆立法工作始于 2001 年，是年图书馆立法正式成为文化部上报全国人大的立法项目。当时提出的《中华人民共和国图书馆法》涵盖各类型、各级别的图书馆。但是由于在立法的论证过程中，图书馆界内部的想法不能实现统一，因此那次的立法在 2004 年被迫中断。

之后，国家对图书馆的立法规划也从未停止。在 2004 年，《关于制定我国文化立法十年规划（2004—2013）的建议》被列入立法规划。《国家"十一五"时期文化发展规划纲要》由国务院办公厅、中共中央办公厅于 2006 年印发，明确指出要加强文化立法，确定了图书馆法是文化立法中很重要的一个环节。图书馆法在十一届全国人大常委会立法规划中被列为审议的项目。图书馆的立法工作在文化部的主导下于 2008 年 11 月重新启动。2010 年 3 月，《公共图书馆法》征求意见稿起草完成；次年 3 月，征求意见稿也完成了；2011 年 12 月，文化部将《公共图书馆法》报送至国务院。2012 年 5 月，《中华人民共和国公共图书馆法（征求意见稿）》正式推出。

我国图书馆的立法不仅要借鉴国外先进的经验，更要结合我国的实际情况，制定适应我国图书馆事业发展的图书馆法，用法律保障我国图书馆事业的发展，确保图书馆在社会服务方面的重要作用。一般意义上的图书馆立法，是指国家立法机关通过相应的法律程序制定专门的保障图书馆事业发展的专门法律、法规，但是从更深层次上来讲，它不仅包含专门的图书馆法，还应当包含与图书馆相关的各级各层次的行政法规、图书馆规章制度等一系列配套的法律、法规。但是令人比较遗憾的是，我国图书馆法的立法工作从最初提出到如今已经走过了二十年历程，最初的《图书馆法》是一部涵盖全部类型图书馆的法律，仅对公共图书馆进行了立法规范，并未包含其他类型（尤其是在我国占很大比重的学校图书馆），因此并不是一部完整意义的、全面的图书馆法。

《公共文化体育设施条例》中明确指出："公共文化体育设施，是指由各级人民政府举办或者社会力量举办的，向公众开放用于开展文化体育活动的公益性的图书馆、博物馆、纪念馆、美术馆、文化馆（站）、体育场（馆）、青少年宫、工人文化宫等建筑物、场地和设备。"图书馆作为公共文化设施里面的排头兵，应当充分发挥其应有的作用。该条例的第六条明确指出："国家鼓励企业、事业单位、社会团体和个人等社会力量举办公共文化体育设施。国家鼓励机关、学校等单位内部的文化体育设施向公众开放。"这也从法律层面再一次要求高校图书馆应当承担其社会公共服务的职能。①

作为党的十九大之后出台的首部文化类法律，《中华人民共和国公共图书馆法》于 2018 年 1 月 1 日起正式施行。与公共文化服务保障法的快速推进不同，《公共图书馆法》的出台几经搁浅，历时近二十年。

公共图书馆法围绕公共图书馆在构建现代公共文化服务体系中的职能定位和发展要求，结合自身特点与发展规律，在建设、管理、服务和保障等方面建立起相应的法律制度框架，是一部推进公共图书馆事业发展的专门法。《中华人民共和国公共图书馆法》通篇贯穿满足人民群众基本文化需求这条主线，坚持均衡发展的原则，将推动、引导、服务全民阅读作为重要任务，用法治思维、法治手段来推动公共图书馆实现和保障人民群众基本文化权益，提升人民群众的文化获得感。它确立了由政府主导、社会参与的公共图书馆建设的基本格局，有力提升了公共图书馆的服务效能。

二、国内相关政策规定

1985 年，中宣部、文化部、原国家教委、中国科学院四部委召开了全国图书馆工作会议。该会议广泛听取了各系统图书馆工作者的意见。经过多次修改，《关于改进和加强图书馆工作的报告》（以下简称《报告》）于 1987 年正式发布。《报告》肯定了图书馆事业发展所取得的成绩，指出了存在的不足，对图书馆事业的发展提出了许多具体的意见和建议。值得注意的是，《报告》提出了各类型图书馆向社会开放的理念。在要求公共图书馆提高开放程度的同时，《报告》也明确指出："其他各类型的图书馆，也要创造条件，使他们按照图书馆的性质和特点，进一步向社会开放。"这是国内可以考证的、较早提出专业图书馆向社会开放的文件，为高校图书馆向社会开放提供了政策依据。

1987 年，原国家教委在 1981 年颁布的《中华人民共和国学校图书馆工作条例》的基础上制定了《普通高等学校图书馆规程》（以下简称旧《规程》），之后又在原国家教委内部设立了专门负责全国高校图书馆工作的职能机构；2002 年和 2015 年，在多次征求意见、反复修订的基础上，颁布了《普通高等学校图书馆规程（修订）》（以下简称新《规程》）。新《规程》增加了很多新的内容，与旧《规程》相比更适合新的时代环境，同时也为高校图书馆今后的发

---

① 　廖武山，谢斯杰，陈聘婷. 高校图书馆社会化服务之法律初探 [J]. 海南广播电视大学学报，2009（3）：58.

展提供了依据。新《规程》在读者服务方面明确提出，有条件的图书馆还应尽可能地向社会读者和社区读者开放。

2002 年，北京市第十一届人民代表大会常务委员会第三十五次会议通过了《北京市图书馆条例》。该条例共七章四十五条，对北京市的各类型图书馆进行了规范，其中第十条明确指出："本市鼓励学校、科研机构及社会团体、事业单位的图书馆（室）向社会开放。"该条例是我国第一部综合性的图书馆法规。因此，在综合性法规中提到学校图书馆社会化的问题尚属首次。

1996 年 11 月 28 日，上海市人民政府发布《上海市公共图书馆管理办法》，共八章三十九条；根据形势的发展，2002 年 11 月 18 日，上海市政府又对其进行了修订，并于 2004 年 6 月 24 日发布。

其他省市出台的图书馆管理条例和办法包括：《深圳经济特区公共图书馆条例（试行）》（深圳市人民代表大会常务委员会发布，1997 年 10 月 1 日实施）、《广西壮族自治区公共图书馆管理办法》（2000 年 4 月实施）、《内蒙古自治区公共图书馆管理条例》（内蒙古自治区人民代表大会常务委员会发布，2000 年 8 月 6 日实施）、《湖北省公共图书馆条例》（湖北省人民代表大会常务委员会发布，2001 年 10 月 1 日实施）、《河南省公共图书馆管理办法》（河南省人民政府发布，2002 年 9 月 1 日实施）、《浙江省公共图书馆管理办法》（浙江省人民政府发布，2003 年 10 月 1 日实施）、《山东省公共图书馆管理办法》（山东省人民政府发布，2009 年 6 月 1 日实施）等。这些管理办法分别从公共图书馆建设与经费、公共图书馆服务与读者权益、文献信息资源及工作人员等方面进行了说明和规定，其中"应当拓展服务领域和服务功能，采取多种服务方式提高文献信息资源利用率，为当地经济社会发展和科学研究提供服务。公共图书馆应当开展送图书下乡活动，为农村、农民提供科技文化服务"等内容为高校图书馆社会化服务提供了理论参考。

三、行业协会的相关条文

有关行业协会的条例法规主要包括国际图书馆协会联和会、中国图书馆学会，以及各分会、各图书馆联盟提出的相关条例。

1994 年 10 月 29 日，国际图书馆协会联和会和联合国教科文组织联合发布《公共图书馆宣言》，并于 1972 年修订。该宣言主要包括知识的渠道、公共图书馆、公共图书馆的使命、拨款、立法和网络、运作与管理、本宣言的实施几个部分，其中包括"每一个人都有平等享受公共图书馆服务的权利，而不受年龄、种族、性别、宗教信仰、国籍语言或社会地位的限制。对因故不能享用常规服务和资料的用户，例如少数民族用户、残疾用户、医院病人或监狱囚犯，必须向其提供特殊服务和资料。各年龄群体的图书馆用户必须能够找到与其需求相关的资料。使社区每一个人都能确实得到图书馆服务"。

2013 年 8 月 16 日，国际图书馆协会联和会理事会于 2013 年 8 月 16 日在新加坡批准《国际图联关于图书馆与发展的宣言》。该宣言是《公共图书馆宣言》的进化与拓展，对新信息环境下图书馆的功能发挥提出了更高的要求。该宣言指出："获取信息是一项基本人权，可以打破贫穷及恶性循环，并支持可持续发展。图书馆独特的作用使其成为重要发展伙伴，通过提供各种信息、服务和方案，以满足多元化社会对信息的需求。图书馆帮助弱势群体和边缘人群，并确保没有人被剥夺基本的经济机会和人权。通过图书馆，人们可以利用技术和互联网的力量，改善他们的生活和他们的社区。图书馆支持正式、非正式的和终身学习，保存民俗、传统和土著知识以及国家文化和科学遗产。图书馆工作有效地在不同的情况下，为许多不同的利益相关者群体服务。"

可以看出，该宣言对新形势下各类型图书馆的性质、使命、功能做了更深刻、更全面的阐释，为高校图书馆开展社会化服务提供了全新的理念。

美国图书馆协会是在全球范围内成立较早的专业图书馆协会，下设 11 个分会、15 个协商会议、21 个专门的图书馆协会和 51 个州或地区分会。长期以来，有赖于完善的组织机构及开展丰富多彩的各种活动，美国图书馆协会在馆员的业务培训、图书馆法和行业标准的制定、各类专业出版物的编辑、公民求知自由的保护、联合编目的开展、书目工具的编制、馆藏建设与情报检索的促进、图书馆业务自动化和网络化的推动、国际同行交流的开展等多个方面做出了杰出的贡献，使全美图书馆的社会地位和公众对图书馆的认可程度进一步提升，也使得图书馆的社会教育职能得到充分的发挥。

许多地方性图书馆立法也包含高校图书馆社会化服务的内容。例如，威斯康星州《图书馆法》规定，公共行政管理部门要促进公共图书馆、高校图书馆、企业图书馆、个人图书馆之间的合作共享；明尼苏达州《图书馆法》则要求政府要推动各种类型图书馆之间的合作，增强图书馆资源和服务的可获得性、便捷性；蒙大拿州《图书馆法》专设了图书馆合作条款，对合作对象管理机构、培训、经费来源等做出了规定。美国《高等教育法》《国防教育法》等法律中的部分条款，也适用于高校图书馆社会化服务。①

中国图书馆学会于 2008 年发布的《图书馆服务宣言》第二条指出："图书馆向读者提供平等服务。各级各类图书馆共同构成图书馆体系，保障全体社会成员普遍均等地享有图书馆服务。"第五条指出："图书馆开展信息资源共建共享。各地区、各类型图书馆加强协调与合作，促进全社会信息资源的有效利用。"第六条指出："图书馆努力促进全民阅读。图书馆为公民终身学习提供保障，促进学习型社会的建设。"这些内容对《普通高等学校图书馆规程》中为高校图书馆向社会敞开大门的相关内容进行了补充规定。

2005 年，武汉大学信息管理学院举办了"数字时代图书馆合作与服务创新"国际研讨会暨第三届中美图书馆馆员高级研究班。在此期间，主办方邀请了北京大学等 50 多所大学图书馆的馆长，会聚武汉大学，并于 7 月 8 日举办了"中国大学图书馆馆长论坛"。"论坛"回顾了我国图书馆界馆际合作与资源共享四十多年的发展历程，探讨了在实现信息资源共享道路上尚需克服的障碍与问题，讨论并通过了《图书馆合作与信息资源共享武汉宣言》（以下简称《宣言》）。它虽然是一份提倡社会信息资源共建共享的宣言，但是在高校图书馆社会化工作方面的推进作用非常明显。（1）将社会化上升为高校图书馆的目标。《宣言》的第一部分指出"最大限度地满足校内外读者的信息需求"是高校图书馆的最终目标，而高校图书馆向社会开放也是信息资源共享的要求。（2）为社会化规定了必要的前提条件。《宣言》第四部分规定，"满足本校读者需求"是向社会开放的必要前提。这一规定规避了社会化存在的潜在风险，即影响正常工作的开展，出现本末倒置的情况。（3）在此之前，业界关于社会化的提倡多集中于学术领域，鲜有规模如此之大、影响如此之广的"民间"文件会涉及高校图书馆社会化的问题。（4）签署《宣言》的高校图书馆涵盖了我国各个地区、各个层面、各个类型的高校图书馆，涉及图书馆范围和类型广泛，对《宣言》及社会化理念的广泛传播创造了良好的条件。

2012 年 3 月，首都图书馆联盟正式成立。联盟由位于北京行政区域内的国家图书馆、党校系统图书馆、科研院所图书馆、高等学校图书馆，以及医院、部队、中小学图书馆和北京公共图书馆共 110 余家图书馆自愿联合发起并成立。联盟成立伊始，便推出了十项惠民措施，如联盟内的通借通还、资源共享；搭建统一服务平台、提供联合参考咨询；开展讲座、展览、流动书车等活

---

① 娄冰.美国高校图书馆社会化服务述评[J].图书馆建设，2014（7）：26-30.

动；建立统一的调集书库，实现文献互补；将每年9月的第一周确定为"首都读者周"；等等。在成立大会上，北京大学图书馆馆长、联盟副主席朱强代表北京高校图书馆界向社会宣布，北京大学、清华大学等34所高校图书馆将向社会免费开放。

首都图书馆联盟的成立及十项惠民措施的推出，对高校图书馆社会化服务工作起到了鼓舞和推动作用，其意义在于：（1）打破图书馆界的系统限制，为社会化服务提供一定的实施保障。（2）以区域为单位，开展全面的社会化服务，所涵盖的高校图书馆数量之多，尚属首次。为其他地区开展社会化服务提供了有效的参考。（3）正视困难，实事求是，脚踏实地地以满足社会读者广泛的、低端的借阅需求为开端，开展社会化服务，不给能力有限的高校图书馆增加过多负担。（4）为高校图书馆打开了与其他各类型图书馆开展合作的通道，使高校图书馆开展广泛的、深层次的社会化服务成为可能。

第二节　高校图书馆社会化服务保障机制

高校图书馆是为高等学校教学、科研提供服务的机构，是培养人才和进行科研的重要基地，馆藏有丰富的纸本文献和海量的数字资源，其服务对象为本校师生。随着社会的不断发展，人们对知识需求的不断增加，高校图书馆逐渐向社会化服务模式转变。高校图书馆社会化服务是指面向社会开放的服务，以有偿或无偿服务的形式允许社会大众查阅馆藏各种文献信息资料，充分发挥图书馆文献信息中心的作用，促进社会大众文化素质的提高。高校图书馆社会化服务的实现，不能仅仅依靠一所或者几所高校，还需要有完善的保障机制。

一、相关制度保障

高等学校管理者必须打破现行的管理体制，给予图书馆更多的自主权，健全馆长负责制和民主管理制度，重新合理配置资源，建立相应的激励制度与管理制度，鼓励有条件的图书馆向社会开放。高校图书馆要根据自身的实际情况，在不影响正常为教学和科研服务的同时，改革原有规章制度中不利于社会化服务的条条框框，制定馆员为社会用户提供信息服务时需要遵守的规章制度，同时规范社会读者的行为，从而减少校内读者与社会读者之间的冲突。例如，在开放时间、开放对象、开放范围、收费标准等方面制定配套的管理办法和规章制度。对于开展的高校图书馆社会化服务工作，要在一定的时期，集中图书馆专家学者、地方政府官员和社会读者代表，倾听他们的反馈意见，并对服务工作进行科学的评价。通过评价，发扬成绩，总结经验，改正不足，以便高校图书馆更好地为社会公众服务。

高校图书馆在确立服务项目、建立课题组、完善管理措施等具体工作上都应反复调研、论证、修订、完善，形成全方位有效的规划；既要重视传统有效的服务方式和手段，又要不断学习和善于运用现代化的科学管理和服务技术来提高服务效率；要不断冲破条块分割、各自为政的局面，建立与各类型图书馆之间、与地方政府信息部门之间、与社会信息服务中介之间的联系、交流与合作，加强业务往来，共同推动社会经济的发展和社会化服务的进行。

二、资金保障机制

目前，我国公众对高校图书馆提供社会化服务的呼声较高，但高校图书馆仍存有顾虑。这种顾虑集中体现在以下两点：一是担心影响高校自身服务效果，增加管理难度；二是高校图书馆社会化服务难以获得相应的经济回报。高校图书馆社会化服务必然会增加服务工作量，现有馆藏资源也相对显得稀缺，但只要高校图书馆创新自身管理模式，社会适当给予高校一定的经济补偿，顾虑是完全可以打消的。

图书馆服务同实物产品一样，管理和服务时需要投入人力、物力、财力等成本。近年来，高校办学规模不断扩大。高校图书馆面临校内服务的压力，自身建设存在一定的资金需求。如果片面地强调高校图书馆的公益性而否认其产业性，将使其与社会之间相互封闭，高校图书馆的持续发展也就缺少社会在物质、能量与信息等方面的支持，无法满足人民群众日益增长的文献信息需求。

不论社会公众享受何种类型的图书馆服务，都必然要涉及成本补偿问题，即图书馆的公共服务由谁来买单。正因为图书馆服务的公益性，政府应是图书馆建设和服务的主要投资者，而这一点是不容置疑的。高校或者说高校主管政府机构是高校图书馆建设的投资者，因而高校师生享受高校图书馆服务无疑应是免费的。社会公众不是高校图书馆服务的主体，或者说，社会读者利用高校图书馆使高校图书馆增加了额外服务，而这些额外服务成本应由当地政府或社会读者来买单。

高校图书馆社会化服务中的基础部分，如文献借阅应由当地政府承担。政府要根据高校图书馆社会化服务的实际效果或者工作量来支付成本，这就是高校图书馆社会化服务的政府补偿。政府补偿的方式很多，如政策支持、共建图书馆项目委托，也可根据资源传递或服务的数量来核算补偿金额。例如，成都市温江区将一些公益服务项目面向区内的几所高校进行招标，既发挥了高校资源优势，又节约了公共服务成本。这一做法为构建高校图书馆社会化服务的补偿机制提供了有益的借鉴。政府承担高校图书馆社会化服务补偿的主要部分，至于高校图书馆社会化服务过程中由于信息增值而产生的成本增加则需要特定读者——社会用户来承担。这既是对高校图书馆智力劳动的尊重，也是为了防止高校图书馆资源被滥用。因为电子信息技术的使用，图书馆运营成本增加而造成的收费，用户给予了极大的包容和配合。通过服务补偿，让高校图书馆在社会化服务中得到一定的回报，降低服务成本，既可提高高校图书馆的服务能力和可持续发展动力，也可促进高校图书馆社会化服务的积极性。

经济补偿是高校图书馆社会化服务的一种动力，而不应成为一种价值追求。高校图书馆提供社会化服务是出于公益精神，而不是牟利的动机，提供服务满足社会群体的需要，而不应追求尽量多的盈利。无论是收费还是免费，图书馆运营的一个核心理念应该是"以用户需求为中心"。社会公众应逐步树立文化消费意识，不能只以高校图书馆"是否收费"来衡量图书馆的运营价值观。高校图书馆也应坚持以公共服务为主导，本着"公益、平等、互惠"的原则，与当地政府及职能部门积极开展调研，从法治、政策管理上建立并不断完善，最终形成适宜高校图书馆社会化正常、持续服务的经济补偿机制。①

三、资源保障机制

传统的高校图书馆资源仅指文献信息资源，而大数据环境下高校图书馆的资源则扩展到信息资源、人力资源、技术资源、空间资源等。

充足而完善的信息资源体系是高校图书馆开展社会化服务的基础，只有不断丰富馆藏信息资源、完善信息资源结构，才能使信息资源更适合社会用户的需求，形成开展社会化服务的有力保障，更好地实现高校图书馆社会化服务。高校图书馆要实现社会化服务的资源保障，必须从以下几个方面努力：一是继续争取学校对图书馆的资金支持，实现文献信息资源的持续增长，包括传统的纸质资源和现代的数字资源都要有所增长；二是充分发挥区域性图书馆联盟的

---

① 董乾枫.高校图书馆社会化服务动力机制研究[J].大学图书情报学刊，2011（2）：7-9，13.

作用，进一步加大集团购买力度和资源共建共享力度，突出资源的整体实力；三是调动各方面的资源和活力，通过馆际互借、文献传递、网络查询等手段，补充馆藏资源的不足；四是争取各方面（如社会人士、校友）的捐赠，间接增加馆藏文献。

高校图书馆面向社会服务后，需要在资源购置时不仅考虑本校用户的信息需求，还要考虑社会用户的信息需求，针对社会用户的资源喜好、阅读范围、阅读量及利用图书馆获取资源方式等需求特点，有针对性地补充相关资源。既要保障本校用户的使用不受影响，又要兼顾社会用户的信息需求得到保证。力求将不同类型的资源，按照一定的规律，通过集成、分析、综合的手段，使不同资源形成一体化的有机整体，使高校图书馆的资源利用率最大化。

针对社会用户的需求，高校图书馆应充分利用图书馆空间，或利用图书馆空间再造理论，对图书馆空间进行合理规划和改造。条件允许的高校图书馆可以直接开辟出校外用户阅览室，为校外用户提供本馆报刊、电子文献及部分图书阅览服务；不具备条件的高校图书馆可以通过相关制度和手续，为校外读者提供图书馆公共区域，为他们学习、休闲提供方便之地。

四、人才保障机制

在高校社会化服务活动的开展中，人才队伍的素质是图书馆社会化服务得以成功开展的智力保障。在过去，由于高校图书馆对人员素质要求不高，学校将一些高职层人员或人才家属安置在图书馆，但实质上大多数人的综合素质不高，对读者服务态度差。这在很大程度上影响了高校图书馆的服务质量。尽管近年来高校图书馆也陆续引进了一些高素质人才，但由于受工作环境、福利待遇等条件的制约，高素质人才的数量仍然较少，不利于社会化服务的顺利进行。因此，高校应加大对人才的培训力度，积极对在职馆员进行素养与业务技能的培训，以提高图书馆工作人员的综合素质及业务能力，满足高校图书馆社会化服务的需要。

五、技术保障机制

随着现代化技术在图书馆中的应用和逐渐普及，高校图书馆利用现代化技术和设备向用户提供的服务也越来越多。高校图书馆开展社会化服务同样离不开现代化技术和设备的支撑。高校图书馆通过网络及网络通信技术，不仅能够降低用户获取服务的难度，延伸服务范围，使分布在各地的人群都成为潜在的服务对象，还让图书馆突破了物理空间和实体资源的束缚，更容易操作和实施社会化服务。技术保障机制的贯彻实行，可确保高校图书馆社会化服务的顺利开展。可在高校图书馆社会化服务中应用的技术保障机制主要有以下几种。

（一）电子邮件

可发送、接收和转发多媒体信息，多种文本格式文件可以以附件形式发送，能分类存放邮件和提醒新邮件信息，在高校图书馆中结合邮件系统和图书业务系统，可进行图书预约，并实时通知。

（二）博客

这是个人或群体按时间顺序可随时更新的网络记录，可用于高校图书馆进行参考咨询服务，也可用于在图书馆网站上创建网页。

（三）简易信息聚合

运用该技术，高校图书馆可及时发布图书动态、馆内新闻、新书信息等。

（四）标签

这是信息组织新的实现方式，让用户可以根据需求进行分类。

（五）维基

这是群体协作的交流平台。在高校图书馆中应用该技术，可构建馆内知识库、主题标引等，可建立馆员和用户间的交流平台。

（六）BBS

这是一种网上参考咨询服务方式，具有交互性强、内容丰富、更新及时等特点，让用户可公开、灵活地发表对共同议题和话题的见解，也可通过实时互动寻求他人帮助。

（七）Agent 代理技术

该技术可以跟踪用户行为，并通过其访问网站的相关信息，对其需求和兴趣爱好进行研究分析。高校图书馆应用该技术，可建立信息管理代理库，并通过分析用户的需求，为用户提供相应的参考页面。

六、人力资源保障机制

高校图书馆要进行社会化服务，人力队伍素质是关键。高校图书馆原来只为本校师生服务，服务对象比较单一；开展社会化服务后，服务对象转变为多类型、多层次的读者群，对高校图书馆馆员提出了更高的要求。高校图书馆必须加强人才管理，通过奖励机制和竞聘上岗机制激发馆员的积极性，合理分配馆员的岗位，做到人尽其才。

首先，高校图书馆要增加图书馆服务人员的数量，在数量和规模上达到社会化服务的要求，保证有足够的人员开展社会化服务。其次，高校图书馆要不断完善服务人员的年龄结构、专业结构和能力结构，既保证有一定数量的图书情报专业人员，又要求有一定比例的计算机技术、网络技术人员，还必须配备其他专业的工作人员。另外，还要求图书馆馆员具有高度的事业心和责任感，具有高涨的工作热情和娴熟的工作能力。再次，高校图书馆要设立专门部门或抽出专门人员开展社会化服务，可以在高校图书馆设立社会服务部，抽出专人负责此项工作，也可以采用兼职的方式，以任务和社会用户的需求为导向，进行社会化服务，另外还可以通过培训的方式，专门培训社区图书馆的工作人员，提高他们的业务素质，通过他们为广大社会读者服务。最后，高校图书馆要引入一定的管理机制，保证社会化服务人员工作的成效。对参与社会化服务的人员，高校图书馆要执行合理的职业教育机制、竞争机制、激励机制，在以社会效益为先导的基础上，尝试引入企业化管理机制，提高图书馆馆员的待遇和社会地位，积极引进复合型人才，防止人才流失。①

第三节　高校图书馆社会化服务评价体系的构建

随着计算机和网络技术的快速渗透，现如今的社会已面临信息严重"超载"的境况。基于"信息资源共享"的大学图书馆信息服务社会化也在适应新时代的需求，不断发展。原来仅向社会提供借阅图书、科技查新、参考咨询等服务模式，随着知识载体的改变，高校图书馆以服务校内为基础，以需求为目标，深入挖掘馆藏文献资源，与相应机构开展信息合作，提供针对性强的科技信息产品，开展特色信息服务。这已然是高校图书馆信息服务社会化的重要表现形式。

目前许多高校图书馆都在为信息服务社会化继续努力。这项工作已经受到广泛的重视，但对信息服务社会化的评价所给予的关注度却少得可怜。或许是

① 赵娟 . 谈开放环境下高校图书馆社会服务模式创新 [J]. 西北成人教育报，2011（5）：53-54.

信息服务社会化在我国高校图书馆中起步较晚的缘故，大众还主要把目光放在如何拓展信息服务社会化的工作层面上。事实上，在当今信息爆炸的时代，高校图书馆凭借自身的人才、技术及资源优势，信息服务社会化工作越来越有成效，服务对象和服务范围也在不断扩大。然而，高校图书馆信息服务社会化的长远发展，需要科学评价体系的支撑和驱动，使得这项工作更为有效地运行和发展。

因此，如果想切实将信息服务社会化的工作进一步改进和提升，构建高校图书馆信息服务社会化的评价体系是一项必不可少的工作。

一、高校图书馆社会化服务评价体系构建的必要性

（一）是高校图书馆全面质量管理的重要组成部分

我国高校图书馆关注全面质量管理始于 20 世纪 90 年代初期，目前正随着国内高校图书馆管理的规范化、标准化进程不断在探索中前进。

信息服务社会化作为高校图书馆的一项重要职能，早在 20 世纪 80 年代国家教育部颁布的《普通高等学校图书馆规程》第十条就明确规定："有条件的高校图书馆，要发挥学校的资源和人才优势，开展面向社会的文献情报和技术咨询服务，可根据材料和劳动的消耗或服务成果的实际效益收取适当费用。也就是从这个时候，高校图书馆已在信息服务社会化这条道路上开始探索。2002年修订的《普通高等学校图书馆规程》在第一条中将高校图书馆在信息化建设中的地位再次做出明确诠释："高等学校图书馆是学校的文献信息中心，是为教学和科学研究服务的学术性机构，是学校信息化和社会信息化的重要基地。"也就是说，从政策法规的层面上确立了信息服务社会化在高校图书馆工作中的重要地位。不可否认，作为高校图书馆工作重点之一，信息服务社会化也是高校图书馆全面质量管理体系中的重要组成部分。

（二）是高校图书馆信息服务社会化的发展要求

与其他机构相对比来说，高校图书馆在人才和资源上占有一定的优势。因此，在现在社会信息化的发展趋势下，高校图书馆要主动参与社会信息产业的大竞争、大协作、大循环。诸多高校图书馆在历经几年的发展之后，所获得的成绩也让人很是欣慰，在图书馆的发展上起到了一定的促进作用，同时，也为社会信息化建设做出了应有的贡献。馆藏资源也因此变得更加丰富，依据本校特色设立的各种特色数据库，能为本校教学科研提供更为优质的服务，从而也

提升了参与信息社会化的竞争力。

然而，信息服务社会化工作的良性发展还需要评价体系的促进。信息服务社会化的持续发展，需要建立以主客体为中心的评价体系来确定信息服务社会化对实现大学图书馆总体目标的贡献和支持程度，来监测信息服务社会化的发展过程和运行状况，从而进一步规范和加强信息服务社会化工作。

（三）有助于弥补传统图书馆评价体系的不足

传统的图书馆服务质量评价体系只具有一般意义上的评价功能，对高校图书馆信息服务社会化并没有明确的评价规范，只能从现有的图书馆服务活动诸如公共服务、文献传递、文献检索、文献借阅、参考咨询和读者教育等各项工作中，依靠研究者自己的梳理归纳，做出一般意义上的评价。对于信息服务社会化而言，这种评价并没有很大改进，仅限于质量管理的范畴。因此，建立切实可行的高校图书馆信息服务社会化评价体系，将有助于克服传统意义上图书馆服务质量管理体系的不足，转变传统的定性评价和侧重利用率与服务效率的各类统计，数据分析更加灵活、更加切合信息服务社会化实际情况，以用户满意度为中心，既有管理部门的评价，又包括用户的评价，主客体兼顾，使其评价体系更具合理性、客观性和科学性。

二、评价体系构建应遵循的原则

高校图书馆社会化服务评价体系的建立必须以用户满意度为中心，需遵循一些基本原则。

（一）用户满意度原则

由于社会信息化和用户信息需求与服务利用的社会化，正在逐步确立信息服务业这一大行业的社会体系。高校图书馆作为该体系的重要组成部分，高校图书馆信息服务社会化评价体系的构建也显得尤为必要。针对目前的实际情况而言，建立以用户满意度为中心的高校图书馆信息服务社会化评价体系，将有助于高校图书馆信息服务社会化实际工作的改进和提高。

（二）有效原则

要素提取和指标设立的依据是影响项目顺利完成的关键。

（三）对比原则

评价时要排除利益的干扰，要依据统一标准。

（四）可操作原则

指标的设立必须是可衡量、可量化的，或者是可以基本衡量、基本量化的。

（五）定性与定量互相补充的原则

在遇到指标难以量化的时候，必须考虑到定性。对定性指标的操作可以采取由多位专家同时进行，然后取平均定性意见的办法。这样，定性指标也就加入了定量的元素。

三、高校图书馆社会化服务评价体系的构建

（一）评价原则

高校图书馆信息服务社会化评价体系以用户满意度为中心构建，就是评价的主体为用户，改变了以往由管理机构充当评价主体的局面。这意味着将从真正意义上实现"用户至上，服务第一"的服务理念，充分发挥用户本位观。

所以，用户满意度是构建评价体系过程中最为基础的中心点，应结合高校图书馆在信息服务社会化的活动内容中，建立系统、客观、科学的评价体系与指标，选择可实行、灵活的评价方法。

1.以用户满意度为主要考量因素，突出评价体系的客观性和可操作性

1977年，兰卡斯特在其《图书馆服务的测度与评价》一书中指出，无论哪一种类型的服务测度，都无外乎三个级别，即效果评价、费用—效果评价、费用—效益评价。高校图书馆信息服务社会化的评价体系也要充分体现这三个级别。效果评价可以通过用户满意度来体现，而费用—效果评价和费用—效益评价要通过用户和一定的量化标准来综合评价。[1]

科技查询、数字参考咨询、借阅图书等是高校图书馆面向社会提供的各种服务社会化的活动。这些活动的受众和服务对象是用户，最终目的也是最大限度地满足用户的需求，让用户满意，因此主要根据用户的满意度来进行所有活动的服务质量好坏的评价。

值得注意的是，构建评价体系不是目的，而是手段，是为了进一步提高用户满意度，构建良好的互动关系，从而更好地发展信息服务社会化活动。因

① 李桂华，张晓林，党跃武.新价值定位下对信息服务评估问题的再认识[J].图书馆学、信息科学、资料工作，2009（1）：36.

此，在制定评价指标体系的过程中，高校图书馆要充分考量用户满意度，重视对其指标的分析，来体现信息服务社会化的实际服务水平，也为管理层进一步改进和提升服务质量提供决策依据。

2. 重视体系中的各项权重指标分析，突出评价体系的科学性和可测量性

评价过程的本质，就是评价主体对客体为之提供服务的价值实现的测量和诊断，从而进一步改进客体的服务质量的过程。要想得到最为切合实际和真实的评价，那么选取的评价指标与用户接受的服务要紧密联系，并且这些指标也最能反映出信息服务社会化活动的价值取向和活动本质，同时还要将主客体因素考虑在内，注意定性与定量的结合。在评价过程中，高校图书馆尤其是要重视各项权重指标的分析，加大力度对权重指标采取较多的评价方法进行评价，使评价结果更具科学性和真实性，能够更好地达到评价的目的，使整个评价体系具有较强的可测量性。通过各项权重指标的分析，高校图书馆也要充分体现评价指标的指导性意义，突出信息服务社会化活动的重点，指出今后需要进一步努力的方向；同时，也使得从业人员和具体业务的管理者能够最为真实地了解自身实际的服务水平和服务能力。

3. 注意从主客体两方面进行考察，对评价体系中的指标进行综合性评价

虽然在制定各项评价指标的过程中主要以用户满意度来做考量，但也需要注意，评价体系中的指标体系要适合主客体两方面。尤其是目前在高校图书馆信息服务社会化的活动中，多表现为直接参与政府部门、某事业单位或某企业的信息服务合作，那么，参与部门相对于高校图书馆可以认为是用户。但如果从其所提供的科技信息产品的受众来讲，参与合作的部门和高校图书馆一样，皆为提供服务的客体。因此，在评价体系构建的过程中，高校图书馆一定要注意从主客体两方面进行考察，因为同一个评价指标体系，如果分析角度不同、感知差异，所得出的评价结果往往也不尽相同。

4. 紧随时代发展需要，推动改进信息服务社会化的服务质量和深度

目前，在高校图书馆信息服务社会化活动中，由于服务层次、服务对象的不同，许多高校图书馆的社会化信息服务存在收费服务或免费服务。随着时代发展的需要，在信息服务社会化的过程中，高校图书馆必然要考虑成本效益。在评价指标体系的构建中，高校图书馆要逐步提升成本效益指标的权重，进一步改进社会化信息服务的质量和深度。

（二）内容设计

1.对社会化服务的认可度

价值观念高于一切，它是相关行为的行动指南。如果对高校图书馆社会化服务认识模糊，甚至潜意识里存在抵制情绪，就不可能很好地开展社会化服务，即使对外宣称开展社会化服务，也一定会流于形式，影响到整个项目的服务质量。对社会化服务的认可度主要指向项目相关人员，即项目负责人和图书馆工作人员。

2.与社会化服务相关的信息资源拥有情况

社会化服务面向社会大众，而社会大众的文化需求偏好与高校学生不同。因此，在开展社会化服务前，高校图书馆有必要进行社会调查，以便在服务开展过程中能合理控制信息服务形式和服务时间，以及适度的资料增补。

3.人力资源的配备情况

再好的蓝图都需要人来完成。人力资源的配备事关服务项目成败。

4.突发事件应对能力

社会化服务涉及人员众多，一旦发生安全事故，容易造成重大伤亡和相关损失，因此必须有应对突发事件的相关预案。

5.服务对象

服务对象确定后能够做到服务项目和服务形式的有的放矢。这里的服务对象包括区域性对象和人员性对象。考虑到信息资源的有限性，必须确定界限基本明晰的服务对象。难以想象一所地方性高校能针对全省乃至全国开展社会化服务。高校图书馆的服务对象主要是所在地的市民和相关单位，还要考虑到这些服务对象与所在地其他高校图书馆的社会服务对象的重叠可能。

6.服务方式

服务对象的需求偏好不同，信息服务的方式也会不同。多样化的服务方式自然可以满足多样化的需求偏好。

7.服务时间

社会化服务对象与在校学生接受图书馆服务的时间可能相同，也可能不同。那么服务时间如何调配？每周保证向社会开放多少时间？这些都将影响到社会化服务的质量和效益。

8.社会效益评估

这属于服务项目周期结束后的后续评价。它直接检验一个服务周期的服务效果，便于为接下来的服务周期提供经验教训，以便更好地提供服务。

9.成本补偿

为了让高校图书馆社会化服务实现常态化良性运作，必须有个人或单位或政府部门为提供社会化服务的高校图书馆（单位和员工）提供相应的成本补偿。补偿的原则是谁受益谁补偿。

以上九个要素可以概括为三大板块，即服务项目准备要素、服务项目实施执行要素、服务项目评价要素。

第六章

高校图书馆社会化
服务的创新

第一节　公共文化服务理念下的高校图书馆自身建设

一、公共文化服务理念

公共文化服务的产生与兴起是随着经济社会发展与政府职能转变出现的。它的发展既呼应了经济社会发展中民众的文化诉求，也是对我国正在打造的服务型政府这一新要求在社会主义文化建设领域的落实。可以说，我国公共文化的社会主义本质决定了政府公共文化服务的性质和方向，决定了它必然是我国政府公共服务的一项重要内容。自从公共文化服务体系第一次被政府提出，其标准的定义一直没有被确定，且理论界对它有不同的解读。闫平认为："公共文化服务体系是由政府主导，吸引、鼓励社会参与所形成的，能够普及文化知识，进行先进文化传播，为人民提供精神食粮，不断满足人民群众日益增长的精神文化需求，切实保障人民群众合法文化权益的公益性文化服务和文化机构的总和。"① 李少惠认为，公共文化服务体系是政府公共服务体系的组成部分，是旨在实现和维护公民基本文化权利、保障文化发展的社会主义方向、满足公民公共文化需求的公共文化产品和文化服务的公共服务体系。② 对公共文化服务体系的准确界定应该遵循以下几项原则。

首先，公共文化服务体系必须符合人类文化、历史的发展方向，不仅应该吸收外部的先进文化经验，还应该弘扬和保护民族优秀文化、历史遗产。

其次，公共文化体系必须满足实现中华民族伟大复兴中国梦的文化需求。全面建成小康社会，实现中华民族伟大复兴中国梦，在思想文化上要培育和践行社会主义核心价值观，从思想文化根源上为伟大复兴的中国梦打下坚实的基础。

再次，公共文化服务体系必须让公众公平地享受到基本公共文化服务。保障公众的基本文化权益，充分满足他们的基本文化需求是公共文化服务体系建设的根本宗旨，也是对文明社会的基本要求。2007 年，中央政治局会议在

---

① 闫平.服务型政府的公共性特征与公共文化服务体系建设 [J].理论学刊，2008（12）：90-93.

② 李少惠.公共文化服务体系建设的主体构成及其功能分析 [J].社科纵横，2007（2）：37-39.

研究公共文化服务时给出了一个基本框架。中央政治局讨论认为：公共文化产品包括生产供给、设施网络、资金人才技术保障、组织支撑和运行评估五大体系。这五大体系构成了我国公共文化服务体系的基本框架，同时，五大体系各司其职，各有不同分工。生产供给体系负责提供基本公共文化产品与服务；设施网络体系、资金人才技术保障体系和组织支撑体系为公共文化产品和服务提供设施和载体；运行评估体系保证整个体系的顺利运转。这样，五大体系紧密配合、无缝对接，最终实现我国公共文化服务体系的整体功能的顺利发挥。公益性、基础性、均等性、便捷性作为根本性的特征，体现在我国公共文化服务体系运转全过程中。之所以这样认定，其原因主要包括以下几个方面：第一，满足公众最基本的文化需求是公共文化服务体系建设的根本目的。政府作为基本公共文化产品与服务的提供主体，其不以营利为目的，主要依靠公共财政投入，具有公益性质。第二，政府提供的基本公共文化产品与服务主要是为了保障公众的基础文化条件与文化福利，而不是为了满足不同阶层公众的差异化文化需求，所以说"广覆盖、保基本"是我国公共文化服务体系建设的主要目标。第三，公共文化服务体系的覆盖范围，不区分地区、性别、民族等差异，而是全社会公众平等地、无差别地享有基本公共文化产品与服务。

最后，由于基本公共文化产品与服务是要被全体公众共同享有的，其使用和获得方式必然要便利和快捷，以有利于公众能快速获得公共文化产品与服务。

二、高校图书馆自身建设

（一）树立共享共赢的理念意识

要树立正确的理念意识，首先要转变根深蒂固的传统服务理念，把高校图书馆从仅使校内教职工满意转变为使所有享受高校图书馆服务的读者满意。高校图书馆的建设要以包括校内外全部读者的需要为目的，不能只考虑某个群体。高校图书馆要正确认识满足社会公众的需求与满足校内教职员工的需求是相辅相成、相互促进的关系，而不是互相争抢资源的关系。社会公众的需求得到了满足，就可以有效提高高校图书馆乃至所在高校的社会影响力，从而吸引更多的社会机构与高校图书馆或高校合作，助力图书馆与大学的发展；而满足校内教职员工的教学、科研需要，不仅是高校图书馆所应尽的基本义务，还可以促进高校图书馆相关资源的先进性和前沿性，而这又为高校图书馆为社会公众服务提供了有力的支撑，从而形成知识型与服务型的统一结合。因此，我国的高校图书馆必须及时转变理念意识，重视社会化服务工作，成为资源共享的倡导者、宣传者、实施者。

（二）打造服务创新的方式类型

随着信息技术和网络技术的发展及在高校图书馆中的普及应用，高校图书馆的服务类型也应该进行扩展创新，在发展好传统服务的同时，更多地要转向多元化的信息服务，从而为校内师生和校外社会公众提供更加多样的、个性化的社会化服务方式。

在传统服务方面，首先，高校图书馆应提高针对校外社会公众的基础性借阅服务水平，应该在确定不影响校内师生、员工使用的前提下，逐步使针对校外社会公众的图书馆开放时间及基础性借阅服务的范围与校内师生、员工保持一致。由于这样的行为增加了高校图书馆工作人员的工作量，可以考虑在校外社会公众可承受的范围内收取一定费用。这样不仅可以补充高校图书馆的工作经费，也可以为那些增加了工作量的图书馆服务人员提供一定的经济补偿。其次，高校图书馆可以拓宽参考咨询服务范围，除提供最基本的文献查找、阅览、外借和电子资源的共享外，针对校外社会公众的实际需求，如市场前景预测的分析、科技查新等，拓展参考咨询服务范围。最后，高校图书馆还可以利用所在高校的教师资源，为社会公众开展学习、培训、讲座服务，除了公益性质的活动外，更可以为社会机构提供知识提升、人力资源培训等有偿服务。这不仅满足了社会公众需求，也增加了高校图书馆资金来源的渠道。另外，高校图书馆可以深入高校周边的村镇、社区、单位等，介绍所在馆的基本情况，宣传科学文化知识，开展读者素养的提高培训等活动，为社会化服务不断积累经验。

除了传统服务方面，数字信息化时代的高校图书馆，也应该充分利用所有资源为校内外读者提供数字信息服务。高校图书馆应该努力完善数字图书馆的功能。现在各高校图书馆基本都已建立起各自的数字图书馆，使校内外读者都可以借助互联网获取高校图书馆的数字资源。但是，目前各大学数字图书馆的绝大部分功能和资源没有向社会公众开放，而且很多大学数字图书馆的功能设计让社会公众在使用时难以掌握。这些在高校图书馆社会化服务中，应该予以修正。高校图书馆凡是能免费开放使用的资源，都应该免费开放给社会公众，而不能免费开放的资源，收费尽量要低，让社会公众都能最大限度地享受高校图书馆的数字资源。另外，高校图书馆还应该利用数字图书馆开展远程网络信息定制服务和远程信息推送服务。这两项服务避免了长时间驻留网络系统而造成的系统压力。

随着移动互联网的普及，手机终端已经越来越多地在数字化服务中占据了重要位置。高校图书馆要抓紧利用这项新的信息技术开发新的服务类型，为高校图书馆的开放发挥应有的作用。

（三）加大宣传以扩大社会影响

从以往高校图书馆社会化服务的经验来看，很多社会公众根本不知道高校图书馆还有社会化服务，即使有了解的，也大多认为高校图书馆的社会化服务就是一般书籍与报刊的借阅服务，对其他能够提供的服务基本不了解，或者想要了解也无从下手。想要让用户使用你的服务，就必须让他了解你的服务，了解是使用的第一步。正所谓"酒香也怕巷子深"，高校图书馆社会化服务如果不加大宣传力度，那么社会公众就不会了解，更不会使用其提供的社会公共服务，高校图书馆在现代公共文化服务体系中的作用也就无法实现。因此，高校图书馆应该采取多种措施，比如，通过免费培训或者讲座的形式，吸引社会公众进入高校图书馆，让他们逐渐了解高校图书馆社会化服务的内容；可以通过馆内工作人员走出图书馆，送书进社区，开展图书流转的形式来提高高校图书馆在社会公众中的认知度；另外，还可以借助信息化手段，如手机、校园网、图书馆主页等，发布各种图书馆服务信息，让读者及时了解高校图书馆的动态，吸引读者到馆接受服务。[①]

（四）提高馆员的思想素质水平

阮冈纳赞说过："任何一个图书馆无论坐落在什么地方，决定其成败的关键因素是图书馆工作者。"现代高校图书馆如果想要开展好服务，不仅要具备现代化的硬件条件，还需要配备足够的具备专业知识和技能的高素质人才。亦如美国图书馆界流传的说法：图书馆所发挥的作用，5% 来自图书馆的建筑物，20% 来自信息资料，75% 来自图书馆馆员的素质。因此，为保证公共文化服务体系视域下的高校图书馆社会化服务能够顺利进行，加快提高我国高校图书馆工作人员的专业能力和素质，高校图书馆应开展以下方面的工作。

[①]　刘军军. 高校图书馆社会化视域下的导读工作研究 [J]. 辽宁工业大学学报（社会科学版），2016，18（1）：40-41.

1.加强图书馆馆员思想道德建设

高校图书馆从思想认识上使馆员认同社会化服务的理念，让馆员树立正确的服务价值观，热爱高校图书馆的服务工作，甘于奉献，有强烈的事业心和责任心。

2.优化图书馆馆员队伍结构

现代高校图书馆的工作早已不是简单的"借还书"那么简单，新的服务内容必然会对高校图书馆馆员的综合素养提出更多的要求。因此，新时期的高校图书馆馆员不仅要对图书馆学、情报学知识有更深层次的理解，还要对其他学科的知识也有所涉猎。高校图书馆在引进人员的时候要提高引进门槛，吸收真正的专业人才到馆服务。

3.加强图书馆馆员专业技能培训

高校图书馆有计划地对图书馆馆员进行继续教育和培训，使他们的专业知识和技能不断得到更新和提升，尤其要重视网络信息技术等新技术知识的学习，因为这代表了未来图书馆服务的发展趋势。

第二节　高校图书馆社会化服务原则的确立

高校图书馆对社会开放是大势所趋，而目前高校图书馆资源完全共享的条件还不成熟，向社会全面开放也不现实。高校图书馆面向社会服务应依据自身实际情况，以科学发展观为指导，遵循一定的原则，逐步扩展服务内容和范围。

一、以人为本的原则

所谓"以人为本"就是以人文服务为原则。中国图书馆学会《图书馆服务宣言》中明确提出："图书馆在服务与管理中体现人文关怀。图书馆致力消除弱势群体利用图书馆的困难，为全体读者提供人性化、便利化的服务。""以人为本"包括两方面内容：一是人性化的管理与服务。图书馆在服务与管理过程中要体现人性化，不仅要提供方便读者的服务，还要在服务过程中关爱读者。二是要积极创造全方位、便利化的信息获取途径，充分保障弱势群体的信息需求，体现人文关怀。图书馆实现知识共享目标的重要任务之一是确保弱势人群的信息需求。高校图书馆面向所有公民开放，更应当遵循以人为本的原则，关怀弱势群体，保障个性化服务。

阿根廷著名诗人、图书馆馆长博尔赫斯说过："天堂应该是图书馆的模样。"图书馆的宗旨应是维护读者的阅读尊严，原则应是开放、平等、自由、免费；拥有能满足人们基本阅读需求的文献馆藏与新技术平台，以及高效、方便、快捷、简约的手段；和谐与包容的借阅关系；温馨与舒适且充满书香的环境；最大限度地满足多样化的需求；能让读者产生快乐与愉悦的体验。

信息社会赋予了图书馆人文服务理念新的意义与内涵。如何消除新型信息技术带来的信息分化成为信息社会图书馆的又一大难题。高校图书馆想要摆脱传统的思想枷锁，就应积极主动地融入社会，让更多的社会读者获得与利用信息，同时努力满足读者各种不同的需求，开展多内容、多途径、多层次的服务活动，进而体现出以人为本的原则。依据读者的特点、爱好、习惯、特定要求等信息，在服务过程中及时、准确地提供令客户满意的服务，满足用户个性化的需求。高校图书馆的先进设施、专业人才、馆藏信息等资源在坚持以人为本的原则下，得到了充分利用。如此一来，高校图书馆的效益及社会化服务的效果都得到了稳步提升。高校图书馆及其工作人员要树立正确的价值观，积极主动地建设以人为本的现代化高校图书馆，营造美好的人文环境。这样，高校图书馆才能跟上时代、引领潮流、造福群众，实现自身的长期稳定发展的目标。

二、校内优先的原则

随着公共文化需求的日益增强和高校图书馆的全面开放，社会大众越来越渴望利用图书馆。这就要求高校图书馆重新审视定位，增强社会化服务的意识，提升高校图书馆的社会影响力，同时需要明确校内服务与社会服务的关系。高校图书馆的首要任务是为学校教学与科研提供文献信息，保障满足师生的各类需求，因此开展社会化服务必须坚持本校师生优先的原则，再根据自身的实际情况拓展社会服务职能，以满足教学和科研需求为主，满足社会用户需求为辅。

在国外，高校图书馆向社会开放早已屡见不鲜，但它们都把保障本校师生的文献信息需求作为首要条件。例如，斯坦福大学图书馆规定：在任何情况下，任何机构和个人如果侵犯了斯坦福大学师生员工使用图书馆的优先权，图书馆保留拒绝其使用图书馆的权利。耶鲁大学图书馆在读者权利管理规则中指出：建立图书馆的首要目的是满足本校师生的学习、教学和科研需求。一般来说，非耶鲁用户在使用耶鲁图书馆资源之前应已经查遍了所有其他可用的资源。除非特别说明，耶鲁图书馆不对非耶鲁的本科生、中学生和小学生提供服务。这一规则的确立，可以保证本校的师生优先使用图书馆的资源。加利福尼亚大学伯克利分校宣称，其图书馆向校外来访者开放部分研究资源甚至图书馆阅览室，同时提供免费的现场参考咨询服务，但是本校师生拥有获取图书馆服务和资源的优先权。

国内高校图书馆在进行社会化服务的时候，要先把本校教师和学生的需求考虑进去，保证他们优先使用图书馆。也就是说，高校图书馆最基本的服务对象依旧是校内的教师和学生，在保证自身服务的前提下，为社会读者提供相应的服务。只有这样，才能确保教学和科研工作的顺利完成，与此同时，高校图书馆社会化服务才能有序、长期、稳定地发展。

三、用户需求为主的原则

高校图书馆全面开放，意味着会有很多社会读者加入其中，但是由于他们的文化水平、生活背景、个人素质都良莠不齐，读者需要的服务也是多种多样的。这样一来，在开展社会化服务之前，高校图书馆要做好用户需求的调查，明确读者急切需要的是哪些服务、哪些服务与用户需求不符合、哪些服务用户觉得满意，要做到对症下药。此外，高校图书馆要将图书馆的优势服务、资源与用户需求有效结合，形成具有本馆馆藏信息资源特色的、能满足广大读者需求的保障体系。

以用户为中心，满足用户需求是高校图书馆服务的基础，而面向社会服务更不可忽视。高校图书馆面向社会开放，既要注重常规需求，又要满足学术性需求，既要服务社会大众，又要兼顾教学和科研。高校图书馆只有坚持需求导向原则，才能保证高校图书馆的服务更加切合实际，激发读者利用图书馆的积极性。

随着网络技术与信息技术的发展与普及，读者对信息的要求逐渐多样化，使高校图书馆在开展社会化服务时面对更高要求的用户群体。高校图书馆有必要对社会服务对象进行分类，根据图书馆资源特色和服务项目选择政府、大型企业及相关专业的研究机构作为对社会开放的核心群体，随时接待并提供深层次的知识服务，把其他社区居民等作为普通群体，主要在节假日和寒暑假期间接待，提供借阅、参观等休闲类服务。高校图书馆针对不同层次的读者，可以考虑发放不同权限的借阅证，根据本馆情况考虑为专业读者办理年证；对普通校外读者在节假日或寒暑假发放短期或临时借阅证，满足大众普及知识需求和休闲阅读需求。临时阅览证的使用实效可依据读者的流量、馆藏情况灵活制定。

高校图书馆要主动了解客户的需求，从服务效果、环境、态度、质量等方面进行全方位的改善，提供多元化的图书馆服务，确保满足读者多层次、多元化的需求。高校图书馆要始终以用户为中心，营造温馨与舒适的读书环境与良好的氛围，拉近读者与图书馆之间的距离；从读者的需求出发，制定高校图书馆的规章制度；同时，图书馆结构布局要设计得舒适、合理、整洁、优雅；要简化开放借阅方式，开展更多的服务项目；要在原有馆藏的基础上，合理使用购置经费，重点建设本馆特色馆藏；力争实现图书馆联盟以丰富本馆馆藏，通过资源共享有效提高读者的满意程度，既不能影响本校教学和科研，为本校师生提供满意的信息服务，又要服务社会大众，满足社会大众基本的阅读需求；要从根本上改变被动、封闭、低效率的服务方式，主动深入研究各类读者的特点和需求，积极开发潜在需求，为读者提供开放协作、高速有效的服务，推进高校图书馆社会化的开放进程。

四、共建共享的原则

随着社会化服务的不断推进，高校图书馆的辐射面逐渐扩大，受众人群也逐渐增多，这代表着会出现更多的社会需要。但是，高校图书馆的资源是有限的，在确保优先满足本校教学和科研需求的前提下，仅仅凭借自身是不能满足社会需求的。所以各高校要团结起来，实现资源的共享共建，构建开放式、立体化的公共服务体系，同时只有不断地加强多方合作平台，才能更好地为社会服务。

高校图书馆要主动与当地政府、企业、其他各类型图书馆或者数据库供应商建立协作关系，共同建立文献信息中心，各种资源优势互补，形成可以为社会公众服务的良性共享机制，满足社会读者的多样化需求。首先，高校图书馆服务社会要根据所处地域的特点，找准定位及切入点，与公共图书馆一起发挥区域整体服务优势，更好地满足社会信息需求。加强图书馆之间资源共建共享，通过各种手段对网络信息资源及各方面文献资料进行收集、筛选和整合；建立学科导航或者学科门户网站，建立区域性的图书馆信息资源共享网，实现馆际互借和文献传递；建立起优质的公共信息服务体系，完善公共服务平台。其次，高校图书馆要与政府、企业合作建立多种服务平台，利用高校图书馆的资源优势，共建产学研联合体，获取企业的相关信息，力争成为行业性、区域性的科技信息中心，实施区域图书馆集群化发展策略，跨越国界与地域限制，服务读者需求，从而形成开放式的服务体系。最后，高校图书馆应该积极整合社会资源，构建立体化公共服务体系，[①] 通过寻求政府支持、引入互动机制、拓宽服务领域等途径，建立高校、政府、社会三者间良性互动运行机制，保证公共服务体系的高效运行。

五、循序渐进的原则

高校图书馆社会化服务是时代和社会的需求，也是自身发展的需求，其在实践过程中也获得了很多成绩，但是还不具备系统化且大规模的格局。高校图书馆社会化服务在发展过程中会受到很多阻碍，如知识产权、技术手段、馆员素质、运行经费、管理体制、法律法规、思想观念等，因此上述提及的问题都必须得到解决才能保证高校图书馆社会化服务的顺利开展。高校图书馆要坚持循序渐进的原则，依据自身的现实情况，有条不紊地开展社会化服务，切勿盲目推进，要将自身的积极作用充分体现出来，同时提升社会影响力及服务能力。

2015 年 12 月 31 日，中华人民共和国教育部印发了《普通高等学校图书馆规程》，其中第三十七条明确指出："图书馆应在保证校内服务和正常工作秩序的前提下，发挥资源和专业服务的优势，开展面向社会用户的服务。"高校图书馆可以根据自身现实状况决定是否开放社会化服务，同时开放的深度和广度也是自己决定的，但前提是满足本校师生的阅读需求。随着高等教育的普及，全国高校的在校学生人数成倍增加，这样的现象使教学资源严重匮乏，导致高校图书馆阅览室、自习室人满为患，一座难求。对于匮乏的教育资源而言，全面开放意味着会有更多的读者利用图书馆的优质图书资源，这样无疑会加重资源的负担，对校内读者的使用造成一定的影响。所以，高校图书馆若是要开放社会化服务，首先要分阶段、分步骤、循序渐进地进行，千万不可贸然实施。第一，高校图书馆要把自身所拥有的资源及软硬件设施进行全方位的梳理，如果条件不允许则可以暂缓开放，或者是当具备开放条件的时候再向社会读者开放，但是需要注意的是一定要踏踏实实且量力而行；如果各方面条件都达标则可以全部开放，具备一部分开放条件的，高校图书馆可以自行决定是否开放。

① 崔红雁. 刍议现阶段高校图书馆对社会开放的原则 [J]. 大学图书情报刊，2009（4）：38-41.

第二，为了防止对正常的教学秩序造成影响，或者是带来不必要的混乱，高校图书馆可以制定出一个可实行的开放时间表，避免一哄而上、盲目跟进。

社会化服务是一个漫长的过程，其涉及面广、参与人数多，不可能一举成功。因此，在服务层次与规模上，高校图书馆必须坚持循序渐进的原则，确保社会化服务可以稳步发展。在实施社会化服务的过程中，高校图书馆要根据自身实际情况和条件适当向社会读者开放，要避免社会化服务给校园基本服务造成负面影响，同时要及时处理好校内外服务的关系。随着国家对教育投入的增加，要进一步改善教学环境、丰富教学配套资源，只有这样，开放的范围才能满足社会需求。

六、实事求是的原则

制定与明确高校图书馆开展社会化服务的目标及各项工作的计划是服务社会的前提。高校图书馆不可单纯地为追求形式而开展工作，要和自身的现实情况相结合，同时要考虑地方政策，踏踏实实地进行。各方面条件都符合的高校图书馆可以先实施，而条件不符合的图书馆后行。高校图书馆开展社会化服务，要先易后难、以点带面，从自身熟悉的业务开始，之后依据自身馆藏的特色与图书馆未来发展的方向，开展优势与特色服务；同时，要设立参考咨询部门、信息服务中心等相应的服务部门，打破服务部门仅为校内读者服务的传统思想；此外，要制定长、中、短期发展目标与规划，衔接好各部门之间的关系，每个岗位的职责与各部门的服务内容要具体落实到每位馆员上，为开展社会化服务打下坚实的基础，[①]确保要做到量力而行、实事求是。

七、注重效益的原则

图书馆是精神文明的阵地，而图书馆服务是公益性事业。这要求高校图书馆面向社会开放必须以社会效益为主，并通过服务能力来体现，但是改善服务环境、提高技术水平、丰富数字资源、维护与更新网络等离不开经费的支持。目前，高校图书馆主要依靠学校拨款，资金有限，因此经济效益也是不可忽略的因素。高校图书馆在社会化服务过程中要考虑成本问题，在成本和效益之间寻找新的平衡点，实现社会效益与经济效益和谐统一、相互促进，使图书馆充满活力，形成良性循环。

---

① 李虹.高校图书馆社会化服务模式探讨[J].知识经济，2012（6）：37，39.

注重效益原则包括以下几个方面：一是要遵循市场运行规律，运用信息经济学的原理评价社会化服务的经济效益，努力提高服务的"投入产出比"，提高社会化服务创造的净收益，争取经济效益。二是坚持把社会效益放在首位。图书馆的本质属性决定了图书馆服务必须以社会效益为主。高校图书馆要让更多的社会大众走进图书馆，阅读到更多的书刊；要努力倡导全民阅读，营造书香社会，提高全民的科学文化素质，提高社会文明程度；不能以任何理由向读者收取不合理的费用或多收费用，同时要形成有利于把社会效益放在首位的环境和条件；各级政府应加大对图书馆的经济投入，切实解决图书馆经费困难的问题。三是实现社会效益与经济效益的统一。高校图书馆开展社会化服务，只有高质量满足读者多元化需求、赢得社会读者的满意，才能使社会对高校图书馆有更好的印象，从而产生一定的社会效益。从某种意义上讲，社会效益在一定条件下可以转化为经济效益，而经济效益在条件成熟的情况下也会带来社会效益。社会效益和经济效益是相辅相成的。高校图书馆社会化服务要在坚持社会效益第一的前提下实现社会效益和经济效益的统一，从而促进图书馆事业的整体发展。

八、可持续发展的原则

高校图书馆社会化服务是整个公共文化体系的一部分，需要一个漫长的过程，而非一朝一夕就能完成的，因此，要将图书馆和图书馆事业相结合，将高校图书馆社会化服务的过去、现在和未来相结合，坚持可持续发展原则。若要确保高校图书馆在公共文化体系中发挥积极作用，必须可持续地进行社会化服务。

高校图书馆社会化服务的可持续发展需要政府的鼓励和引导，需要政府在法律和政策上予以支持，以保证社会化服务健康、有序地发展。西方国家一般都制定统一的图书馆法，规范公立图书馆，要求其对全社会开放，例如美国早在1925年就制定了《图书馆法》，以保障图书馆生存的合法性和连续性。1997年，美国政府颁布了《图书馆服务与技术法案》，其主要目的就是"促进图书馆之间以及与教育之间的网络化建设，对享受不到图书馆服务的人，特别是对贫困家庭中7岁以下的少儿提供图书馆和信息服务"。

2005年，中国大学图书馆馆长论坛发表《图书馆合作与信息资源共享武汉宣言》（以下简称《宣言》）。《宣言》指出："消弭信息鸿沟，实现信息公平，是消除贫困、促进经济发展、构建和谐社会的重要条件之一。""最大限度地满足每一位公民（读者）对信息和知识的需求，是图书馆义不容辞的责任"，这是高校图书馆界向社会各界发出的强有力的声音，对高校图书馆向社会开放具有深远意义。

2017年11月4日，第十二届全国人大常委会第三十次会议表决通过了《中华人民共和国公共图书馆法》（以下简称《公共图书馆法》）。这是党的十九大之后出台的第一部文化方面的法律，也是公共文化领域继《中华人民共和国公共文化服务保障法》（以下简称《公共文化服务保障法》）之后的又一部重要法律。《公共图书馆法》于2018年1月1日正式实施。

《公共图书馆法》关注如何能够让广大人民群众更好地享受到公共图书馆及其服务。该法的颁布对促进图书馆事业进一步发展、建设社会主义文化强国提供了强有力的法律支撑，有利于健全完善文化法律制度。《公共图书馆法》以《中华人民共和国宪法》为依据，对接《公共文化服务保障法》的要求，确定了公共图书馆的基本原则和目标方向，构筑了公共图书馆的制度体系，切实完善了文化法律制度的内容，弥补了我国文化立法的"短板"，为促进图书馆事业发展、建设社会主义文化强国提供了强有力的法律支撑。

每所高校图书馆在面对向社会开放服务的问题上，要依据本馆馆藏资源、人才构成等实际情况，重新认识和思考未来的发展方向、目标及定位；按照发展规划采取相应措施，逐步推进规划的实施，既着眼当前建设，又考虑长远发展；既着眼硬件建设，又考虑软件建设；既着眼全面协调发展，又考虑可持续发展；用科学的态度、创新的理念，科学的方法、创新的手段，科学的规划、创新的实施，促进高校图书馆社会化服务的全面协调可持续发展。①

第三节　高校图书馆社会化服务模式的创新

高校图书馆秉持开放的理念，结合图书馆在资源、技术、服务上的优势，寻找高校图书馆社会化服务的切入点，创新社会化服务模式，采取行之有效的举措，积极拓展高校图书馆社会化服务空间，促进其开展社会化服务。高校图书馆社会化模式不应该是单一的，而应该允许多种模式并存，依据服务主体和服务对象选择恰当的服务模式，并提供相应的服务内容。

---

① 刘继红.高校图书馆可持续发展初探[J].华章，2012（29）：318–319.

一、基于内容的服务模式的创新

（一）借阅服务

高校图书馆最基本、使用最多、最容易开展的服务是借阅服务。高校图书馆的文献信息资源非常庞大，具有专业性强、内容广泛、学科门类齐全等优势。在保证优先满足本校师生需求的前提下，高校图书馆可以依据馆藏图书、期刊利用状况开展社会用户开放服务，如与社区开展合作；先了解清楚社区用户的需求，再有针对性地进行建立主题书架、图书导读等服务，让社区用户真正享受到开放服务的便利。此外，高校图书馆都会购买教学考试、多媒体资源、图书数据库、中外文专业期刊等多种多样、内容丰富的数字资源，让用户可以在校园网或图书馆的电子阅览室查阅。为了方便社会用户获得更丰富的信息资源，高校图书馆可以开放电子阅览室，让社会用户随意阅读。为了更好地满足社会用户的各种需求，高校图书馆还可以配套传真、打印、复印、扫描等一系列服务，帮助用户对查阅资料进行及时、有效地保存。除此之外，社会用户还可以使用馆内的视听室、自习室等基本服务设施。

（二）专题服务

高校图书馆开展社会化服务最主要的模式是专题服务。专题服务是指高校图书馆在服务过程中针对社会用户的需求，凭借自身优势开展针对性的高端服务。专题服务可以分为专题学习服务、专题社会信息服务、专题情报服务等。

专题学习服务是指在推动学习型社会、全民阅读社会建设中，高校图书馆利用资源和人才优势发挥特定作用的服务。高校图书馆的重要任务之一是促进学习社会的形成，提倡学习型社会建设。高校图书馆社会化服务的形式之一是营造良好的学习环境，利用自身馆藏资源为社会用户开展专题学习服务。专题学习模式可以采用多种形式，方便社会用户随时随地享受服务，如清华大学图书馆开展的社交网络服务模式和教育培训服务模式。除此之外，乐山师范学院图书馆配合峨眉山市领导干部学习型班子建设，开设图书专架，建立专题电子资源，提供阅读指导、读书交流等服务，是专题学习活动服务模式的成功先例。①

专题社会信息服务是指高校图书馆依据社会需求开展信息收集、整理、提

---

① 刘云英.拓展高校图书馆社会服务职能的途径探讨 [J].晋图学刊，2011（4）：45-47，63.

供参考的服务。高校图书馆可以组建专门团队关注政府、行业每个时期工作的重点、发展目标与趋势，收集、分析、筛选有关信息，以简报、专题报道等形式提供给相关领导层，为领导层决策提供参考和借鉴。例如，广州大学图书馆在中共广州市委对外宣传小组办公室（广州市人民政府新闻办公室）的委托和指导下，为有关部、委、局提供社会新闻信息综合与专题服务。根据委托单位的要求，组织专业人员针对境内外媒体对广州市的新闻报道进行收集、加工、整理及舆论情况分析，以电子版传送和出版专题资料汇编等形式提供给相关部门，以方便其了解舆情，为领导科学决策提供参考。

专题情报服务是指在一定的期限内，围绕某个专题，依据用户的个性化要求，主动、连续地为用户提供相应的文献信息的服务。它是开展社会化服务的重要方式。通常，社会用户除信息查询和阅读等基础性需求外，还会有关于专题的需求，此时就需要高校图书馆协助。在图书馆自身无法完成任务的情况下，高校图书馆可与学校内学科专家一起研究，以项目合作的形式共同完成专题性的需求服务。对于区域内高新技术产品开发、重大科研课题等信息，高校图书馆应当有组织、有目的地进行收集、整理、分析、鉴别，编写专题综述、述评、专题研究报告等，向特定用户群体及时提供文献信息服务。

（三）知识服务

知识服务是以信息知识的搜寻、组织、分析，以及重组知识和能力为基础，根据用户的具体问题和个性化环境，直接融入用户解决问题的过程。提供能够有效支持知识应用和知识创新的服务，是高校图书馆社会化服务中最具潜力和发展前景的服务模式。高校图书馆知识服务是图书馆利用自身的资源、技术、人才和设备，通过知识服务人员独特的知识和能力，借助先进技术和设备对馆藏资源、网络资源等进行挖掘、组织、开发和集成等一系列深层次加工后形成增值的知识产品，融入用户解决问题的全过程之中。知识服务是高校图书馆的重点内容。高校图书馆除为本校科研人员提供知识服务外，也为企业研发人员提供知识服务，通过走向社会化，体现图书馆的重要价值。但由于知识服务对馆员的要求较高，目前仍处于探索阶段。高校图书馆有必要制定具体的奖励办法，鼓励和推动图书馆工作人员积极投入文献资源的深层次开发和社会服务中，通过培训、以强带弱等方式，提高工作水平，在图书馆中营造浓厚的学习氛围，使图书馆的社会化服务更上一个台阶。

高校图书馆社会化服务要以社会需求为目标，加大知识开发力度。市场经济体制正不断地进行完善，因而高校图书馆为企业开展知识服务时也要借助现代化信息搜集手段与丰富的馆藏文献资料，为企业提出的特定课题和项目给予针对性服务。常见的企业所需信息有同行企业的发展态势、政策措施、供求信息、管理信息、决策信息、技术信息等信息和知识的"套餐"服务，并向深度与广度延伸，从而形成了知识服务的系列、优质及高端产品。高校图书馆可以尝试建立知识服务中介机构，展开信息咨询与中介服务，积极开拓信息市场、直接参与知识竞争；开展高校科技成果转化服务，依据市场发展趋势，把具有开发前景的实用技术或者专利筛选出来，分析其实施条件和经济效益，提出可行性报告等，进行技术成果、信息的开发、转让，在发明与生产者之间牵线搭桥。例如，复旦大学、上海交通大学等一大批高校图书馆已纷纷与企业开通知识平台，有计划地利用高校的人力资源和丰富的馆藏资源为企业服务，受到企业的热烈欢迎。这充分展示了高校图书馆服务社会经济建设的新形象。

二、信息资源共建共享模式的创新

（一）信息资源共建共享的内涵

在传统技术条件下，信息资源共享一般是指信息物质载体的共享，即文献的共享。这种信息资源共享由于受到共享成本的限制，只能在一定空间、时间范围内进行有限的共享。

在网络大环境下，高校图书馆信息资源共享是指在全球范围内充分开发、利用信息资源，也就是信息资源用户、服务者、加工者、生产者之间的普遍共享，并非只是共享文献，而是真正意义上的信息共享。知识经济的崛起促进了现代信息技术的发展，主要技术有多媒体、网络、现代通信、计算机等。它们为共建共享信息资源打下了坚实的物质基础，主要表现为通过网络给用户随时随地提供大量信息资源。信息的复制由于数字化技术变得极为简单。由于地域的限制被无线通信轻松跨越，信息可以通过网络传送到很远的地方，时间与距离被无限拉近，世界成为一个"地球村"。网络这种无限扩展的特性，可以让每个国家、地区、个人都能加入网络，实现跨时空的信息资源共享。网络跨时空的资源共享优势体现在，网络环境下将信息传播到异地的成本几乎可以忽略不计。此外，还有诸多矛盾迫使信息资源的共建共享提前实现，如地区经济发展需求与不同地域间信息资源发展的不平衡之间的矛盾，信息服务机构能力有限、开发不足与用户信息需求的广泛性、层次性之间的矛盾，信息机构资金缺乏与暴增的信息资源之间的矛盾，等等。信息资源的共建共享是现代高校图书馆的必经之路，也是社会化大环境下所有信息机构的选择。

高校图书馆信息资源共建共享的含义是校图书馆或其他信息服务机构在平等、自愿、互惠的基础上，通过建立高校图书馆与公共图书馆及其他信息服务机构之间的各种合作、协作、协调关系，利用各种计算机技术、媒体方法和途径，共同揭示、共同建设和共同利用信息资源，以最大限度地满足用户信息资源需求的全部活动。

高校图书馆信息资源共建共享理念同信息资源共享宗旨是一个概念，都强调信息资源共享的出发点。国外学者认为，资源共享是共享者对共享的信息资源所完成的一种共同的管理方式，目标是提供积极的净效益。资源共享本身不是目的，而是共享用户服务方式的一种改进。这代表国外从信息资源本身收藏向信息服务转变的一种理念变革。

提升信息资源利用率是我国高校图书馆信息资源共享的理念。基于互联网环境下，信息资源保障不再等同于拥有信息，其保障能力被具体化，可分为获取能力与获知能力。信息资源共享模式强调的是信息资源的传递与存取，也就是"重拥有"转为"重存取"，这也是其最主要的活动模式。从目前来看，获得信息资源的含义是得到其网络使用权，而并非信息资源的本体。信息资源获取方式多种多样，如免费、交换、租用、联机使用权、入网、购入等。信息资源的共享与流动，必然会提高和改善我国信息资源利用率不高的问题。①

（二）信息资源共建共享的时代背景与意义

1.信息资源共建共享的时代背景

图书馆合作建设藏书与资源共享的历史可以追溯到 18 世纪后期。当时德国著名诗人歌德在主持魏玛公国图书馆馆务时，就与耶鲁大学图书馆建立了馆际互借关系。19 世纪中叶，德国法学家墨尔首次提出了图书馆之间藏书建设分工协调的思想，并由阿尔特霍夫付诸实现。在阿尔特霍夫的倡导下，普鲁士的 10 所大学划定了各自的藏书采购范围，并在各馆之间建立了互借关系。但总的来说，在 20 世纪 60 年代以前，图书馆合作建设藏书与资源共享活动的规模和范围都是很有限的，对图书馆工作没有产生实质性的影响。但近六十年以来，高校图书馆信息资源共建共享活动却蓬勃开展，有着深刻的时代背景，其兴起

① 曹学艳，张晓东.全媒体环境下的信息资源建设导论 [M].西安：西安电子科技大学出版社，2017：165.

和政治、经济、文化、科技的发展密切相关。

（1）政治背景

信息资源共建共享作为一项社会性的事业，其发展不仅与经济、科技、文化有关，还不可避免地受到政治因素的影响。当今世界，和平与发展成为主流。在各国内部，民主、开放已成为时代发展的趋势。保障公民平等、自由获取信息的权利成为大多数国家政府治国执政的基本理念。这些为信息资源共建共享活动的开展创造了有利的政治环境。

（2）经济背景

在信息化时代，个人、企业、地区，甚至国家的发展都离不开信息。共建共享信息资源包含经济学概念，因为信息是一种能够创造财富的资源，而经济是直接影响共建共享的因素。

①信息经济的兴起和发展。人类文明发展的每一阶段都依存于一定的资源基础。几千年来，以物质、能源为基础的物质经济一直在人类经济活动中占主导地位，但也造成了自然资源状况的日益恶化。这促使人类的资源观念发生根本改变。人类逐步认识到："人类有能力和有智慧通过增加知识来扩大资源。"[①]人们日益清楚地看到一个事实：一种以信息为资源基础的新型经济结构在迅速崛起，其作用日益明显，在国民经济中所占的比重越来越大，影响着整个社会经济的发展。信息经济的迅速兴起和发展逐渐在世界经济格局中占据主导地位，使信息成为当今社会重要的经济资源，与物质、能量一起，形成"三足鼎立"的社会生产支柱。而在这三大支柱中，信息资源具有更重要的作用。谁掌握了相应的信息资源，谁就能有效地利用物质资源和能量资源，从而在激烈的经济竞争中取得主动权。人们对信息资源的高度重视，必然会刺激社会信息需求的急剧增长。信息经济的兴起和发展是信息资源共建共享活动广泛开展的根本原因。

②经济全球化的趋势。经济全球化趋势必然给信息资源共建共享带来极大的影响。首先，经济全球化在给各国带来发展机遇的同时，也给各国经济带来了挑战。其次，经济全球化使得各个国家经济发展相互依赖、相互补充，以合作、协同为主要内容的国际经济新秩序将逐渐形成。最后，经济全球化进程中，并不排除国与国之间经济的差异性，以及文化、价值观等方面的特殊性。因此，许多国家从自身的利益出发，对信息资源共建共享持积极态度。

---

① 李月明.网络信息开发与利用［M］.北京：国家图书馆出版社，2015：5.

（3）科学技术背景

知识与信息资源是随着历史的推进、人类的进步、科技的发展，长年累月一点一点积累起来的。当今，科学技术的日益发达，人类围绕着信息知识资源进行的所有活动，都与科学技术的进步密不可分。如今共建共享信息资源方兴未艾，但其蓬勃发展离不开科学技术的支撑。第一，现代科学技术飞速发展，大量优秀的科研成果如雨后春笋般涌出，承载着各种类型的知识信息载体数量直线上升。因此，世界上任何一家图书馆都不可能完全收藏所有的信息资源。为了收集更多的信息资源，各图书馆之间实行信息资源的共建共享。第二，现代科学高度综合与分化的趋势。科学的不断发展，促进了学科专业不断分化，学科门类也越分越细；不同学科之间的相互渗透、联系逐渐加强，从而形成了很多综合性、交叉、边缘的学科。各学科的界限因专业的划分与综合化，逐渐变得模糊，但是其联系越来越加强。用户对信息的需求也变得复杂化、多元化。要想满足社会无限的信息需求，图书馆只能通过实现信息资源共享来满足。第三，近几十年，随着现代信息技术的不断进步与普及，手机、电脑等移动终端已经大众化、普遍化，逐步渗透到人们的工作和生活中，从而信息的传递、储存、生存速度发生了翻天覆地的改变。互联网打破了信息传送的时间与空间限制，将整个世界连成一个整体。全球性的信息资源共享因信息技术的发展有了可能性，也为信息资源共建共享提供了最强有力的技术支持。

（4）文化背景

信息资源共建共享蕴含着社会和谐发展的理念，寄托着人类对未来的美好期冀，是人类丰富多彩的文化的组成部分，其每一个发展阶段，都深深地烙上了文化的印记。今天，人类文化正从诸多方面经历着深刻的变革，而这些变革正在或将会对信息资源共建共享产生重要的影响。第一，当代文化的性质从工业文化转向信息文化。信息资源共建共享是信息文化的重要特征和必然要求。第二，当代文化主体从区域文化走向全球文化。信息资源共建共享意识将普遍加强。第三，当代文化发展由精英文化转向大众文化。信息资源共建共享具有更加广泛的用户基础。第四，当代文化由注重纵向传递转向加强横向交流。信息资源共建共享将在文化横向交流中发挥重要作用。

2.信息资源共建共享的重要意义

（1）能最大限度地满足读者的需求、提高馆藏资源利用率，也能最大限度地为教学和科研提供服务

高校图书馆实现信息资源共建共享以后，可以使高校图书馆不仅面对本馆

读者，还可面向合作的各个信息机构的用户及校外用户。这样一来就大大拓宽了用户范围，不仅盘活了高校图书馆滞留的资源，提高了馆藏资源的利用率，还能最大限度、最大范围内满足读者的需求，极大提高读者的满足率。对各高校来说，信息资源共建共享能最大限度地为教师和学生的教学和科研服务，大大提高高校的教学质量、科研水平及人才培养的规格。

（2）可以避免重复建设和信息遗漏，有利于形成高校图书馆系统的信息资源保障体系

在当今信息时代，各类载体信息数量急剧增加，任何高校图书馆都不可能收集全面的信息。在缺乏整体规划的情况下，高校图书馆只能以完善自身的信息资源体系为目的进行采集。这种信息资源建设的方式必然使得图书馆资源相互重复、缺乏特色，同时还会使得一些重要的、有价值的信息遗漏，从而大大降低了整体信息资源的保障能力。信息资源共建共享要求各馆将本馆的信息资源看成整体信息资源的一部分，并将本馆的信息资源纳入统一的信息资源体系加以规划、配置和建设。各馆重点建设自身有特色的信息资源体系，优化自身的信息资源结构，使本馆的资源能够最大限度地满足读者的需要，既节省了建设经费和时间，又能切实提高整体信息资源系统的保障能力。

（3）可以最大限度地实现信息资源公平、合理的使用

高校图书馆信息资源共建共享的最终目的，是保障全体成员馆的读者能够无障碍地使用信息资源，能够平等、自由地享用信息资源。但是我国存在不同地区间经济、文化发展的不平衡状况，使得发达地区的信息资源富集，而不发达地区的信息资源匮乏。这种信息资源地域分布的不均衡状况又加大了经济、文化发展的差距，从而影响了社会的和谐、稳定、持续发展。信息资源共建共享，就是对信息资源在全社会进行合理配置。这样有利于消除区域间的信息鸿沟和隔阂，保障每位公民的基本文化权利，达到在信息资源面前人人平等、人人充分共享的目的，进而促进社会的全面进步与和谐、快速发展。

（4）有利于国家对高校图书馆信息资源建设的投入得到优化使用和最大化的效益产出

高校图书馆信息资源建设必须遵循一项基本原则，即用有限的经费获取较多的资源，达到最大化产出。但在缺乏整体规划和协调的情况下，各高校图书馆在采集信息资源时，既要考虑读者经常性的信息需求，采集大量的常用信息资源，又要估计到读者偶然性的需求，采集一些价格昂贵的文献资源。这样就不可避免地造成高校图书馆信息资源结构庞杂、缺乏特色，而且极易造成资

源的重复配置，让有限的经费得不到合理使用。近年来进行的高校图书馆数字化建设过程中，就存在着多家高校图书馆对同一文献进行数字处理的现象，造成资金的浪费。实行了高校图书馆信息资源的共建共享，就能使各高校图书馆按照整体规划，统一部署，合理使用经费，集中购买本馆分工采集的那些体现本馆特色的信息资源，并形成完整的体系，避免了资金的分散使用。对于一些偶尔使用的文献，高校图书馆可以通过馆际交流、文献传递的方式来解决。目前，许多高校图书馆组建了图书馆联盟，以集团购买的形式采集信息资源，大大节省了信息资源建设的成本，提高了经费的使用效益。

（三）信息资源共建共享的主要模式

共建共享模式是高校图书馆与其他企事业单位合作共建共享的服务方式，双方优势互补，实现共赢。目前，大多数高校图书馆采取此类模式开展社会化服务，主要包括图书馆联盟、协会合作、校地共建、馆企联合等模式。

1.图书馆联盟

图书馆联盟模式是指高校图书馆之间或者与公共图书馆联合开展的社会化服务。高校图书馆信息资源建设主要是围绕本校的学科专业建立的，特别是重点学科和专业，具有较高的信息资源保障率，而未开设的学科专业信息资源数量较少。高校图书馆开展社会化服务，要面向学科背景各异的社会用户，信息需求也将多种多样，单一力量无法满足，必须联合本地区所有图书馆，建立区域内图书馆联盟，通过联盟形成整体合力，提高文献保障能力及服务质量，达到良好的服务效果。例如，镇江地区文献信息资源共享联合体就是以同处镇江市的3家高校图书馆和镇江市图书馆为主体运行的面向全社会服务的平台，建立区域内通借通还机制，实现区域内高校图书馆文献资源的共建共享。又如，天津高校图书馆联盟与天津市图书馆等机构开展资源共建共享，使天津市市民能够与在校大学生共享图书资源。在共建平台上，天津市6所高校学生和普通市民均可以查询到天津市图书馆和高校图书馆的馆藏信息。一旦市民想借的图书在附近的图书馆缺藏或已借出，可以领一个相应馆的馆际互借证去别的图书馆或高校图书馆借阅。若在天津市图书馆找不到所需文献，也可以向图书馆申请免费的其他馆文献传递服务。图书馆联盟的主要功能如下。

（1）公共检索。联盟内的公共检索具有检索速度快、途径多、范围广、效果好和反馈信息及时的优点，可向用户提供各成员馆机读馆藏信息资源和网络信息资源，方便用户检索和利用文献信息资源。公共检索的主要功能有信息检索服务与辅助性服务，让读者只要知道文献的一点线索便可入手检索。

（2）联合编目。编目是传统图书馆业务中最费时的一项工作，尤其是数以千计的图书馆对同一种书进行编目，是效率极低的重复劳动。即使在采用图书馆自动化系统以后，分散的编目工作依然很耗费人力资源。因此，合作编目是图书馆联盟最早开展的合作内容之一。在网络环境中，联盟成员馆利用网络进行联机联合编目，即对任何一份具体文献，只由一个成员馆（通常是最早获得该文献的馆）进行初始编目，而其他馆只需将已有的编目记录纳入自己的目录体系，必要时根据本馆情况进行适当调整。比如，CALIS 成员馆通过网络可以实时进行联机编目。CALIS 联合编目数据库中包含数百万条书目记录，包括图书书目记录和中文现刊目次记录，为全国高校图书馆系统提供联机编目参考。另一种合作编目形式是由图书馆联盟集中进行编目，向各成员馆发放编目记录。比如，上海市文献联合编目中心就是实施网上中外文献联合编目，建设中外文献联合目录数据库。联合编目大大减少了书刊编目工作中的重复劳动，提高了编目工作效率和书目数据质量，实现了书目资源的共享。联合目录在资源共享、馆际互借、合作编目及合作馆藏发展中具有十分重要的作用，是图书馆联盟的基础。图书馆联盟中的联合目录建设提供了充分发掘各个图书馆馆藏文献的机会，使信息资源保障体系从单馆保障走向联盟范围的保障。

（3）馆际互借与文献传递。馆际互借是指图书馆根据用户的特定需求，从其他图书馆借阅本馆未入藏的资料，并根据互惠原则向申请馆出借文献的活动。馆际互借也是图书馆合作最早的内容。很多图书馆联盟，特别是区域性的联盟都建立了专门的馆际互借传递设施，有的则依靠邮政传递系统。在网络环境下，越来越多的图书馆利用网络技术传递期刊论文等篇幅较短的文献。通过联合目录和借助一定的协议，实现了检索过程的馆际互借，这也是传统馆际互借服务在网络服务下的延伸和拓展，成为图书馆资源共享的主要形式之一。比如，OhioLINK 中各成员馆使用相同的系统，并在中心设有联合目录数据库，让用户可以进行查询并实施馆际互借；Cocvel 则通过 Z39.50 实现各成员馆不同的自动化系统间的多数据库跨库检索，并在相同的界面上提供面向用户的馆际互借，实现资源与服务的有机结合。

（4）信息资源协调采集。信息资源协调采集是指图书馆联盟在调研各成员馆现有资源的特色和优势的基础上，通过统筹规划与协调，以分工采购、联合采购等方式，采集文献信息资源的活动。信息资源协调采集按照依托重点、发挥优势、分工协调的原则，对纸质文献主要依靠各成员馆自建，联盟对价格昂贵的文献适当加以协调的方法；对电子资源则主要采用集团联合采购的方法，拥有资源的使用权。因此，联盟各成员馆通过分工采购和联合采购，既提升了纸质文献的收藏能力，又增强了电子资源的购买能力，既强化了各成员馆的馆藏优势，又优化了整体资源，同时大幅度降低了信息资源建设的成本，节约了经费。

（5）电子资源建设。目前各成员馆的电子信息资源独自发展，分散存储在各自服务器上。因此，必须建立一个统一的信息与知识服务平台，将分布存储在各成员馆的数据库纳入这一平台之中，使各成员馆用户将所有数据库视为同一"知识网络"来应用，如可以借鉴清华同方 CNKI 网络资源共享平台。对于各馆利用率高的电子数据库，图书馆联盟采用联盟集团购买的方式，压低价格，获得团体优惠价；对于一些昂贵的电子资源，分摊费用，共同拥有昂贵的电子资源的使用权，采取设置镜像站点、远程获取的方式，利用中国中心城市电子信息资源共享平台达到共同使用的目的，大大增强成员馆对电子资源的购买力。这种方式在 CALIS 系统中已得到广泛的认可。同时，建立电子资源导航库，根据各校重点学科建设的需要进行统筹规划和分工，对网上的电子资源（如研究进展报告、电子期刊论文、研究机构、专家学者等）按图书馆学的原理和方法进行收集、加工和整序，形成虚拟图书馆资源，补充和扩大联盟的电子资源建设，真正实现资源的共建与共享。

（6）数字资源建设及资源合作存储。馆藏文献数字化是网络环境下图书馆信息资源建设的一项重要内容。但馆藏文献数字化需要耗费大量的人力、财力，单个图书馆往往难以独立承担。更重要的是，如果多家图书馆对同一文献进行数字化处理并上网提供利用，是完全没有意义的重复劳动。因此，图书馆联盟的重要功能之一，就是对馆藏文献数字化工作进行分工协调，根据各成员馆的馆藏特色和优势，分工承担那些具有较大数字化处理意义的文献，如善本文献、高等学校用户需求集中的文献的数字化工作，以及特色资源数据库建设，建立联盟共同的数字化资源。

（7）参考咨询服务协作。图书馆联盟不仅有资源建设的合作，还有服务的协作。参考咨询服务是图书馆最重要的服务内容。但图书馆如果仅仅依赖本馆的信息资源和人力资源，要解答越来越广泛和复杂的咨询问题是很困难的。数字时代图书馆联盟的重要功能之一就是整合各成员馆的信息资源优势和人才优势，利用网络的传递和交互功能，为用户提供全天候合作数字参考咨询服务，通过合作数字参考咨询服务将各成员馆连接成一个整体。这样不仅信息资源可以共享，各成员馆咨询人员的知识和智慧、成功咨询案例、各类课题调研成果等也可以成为共享资源。这种合作数字参考咨询服务如同专家会诊，集成了咨询专家的智慧，将大幅度提高资源和人才的服务效率，提升参考咨询服务的质量。

2.校地共建

校地共建模式是指高校图书馆联合地方政府、所在社区及企事业单位协商办馆，实现高校图书馆社会化服务。这种模式既能够为社会用户提供更丰富的信息资源和更深层次的服务，同时也为高校图书馆自身拓宽了服务范围，获得相应的政策与资金支持，达到了双方共赢的局面。高校图书馆可从这些机关单位获得部分经费资助，同时向资助方提供文献信息、参考咨询、课题跟踪、特色数据库、人员培训等服务。这种联合办馆方式，可以在一定程度上解决高校图书馆资金不足的问题，也让协作单位既节省了人力、物力，又得到了文献信息的保证，实现双方的共建、共享与共赢。比如，聊城大学与聊城市共建共享图书馆是国内较早的校地共建模式案例；广州大学图书馆为广州市委、市政府、公安局、教育局、环保局、档案局等10多家政府部门等提供特色信息服务，是具有推广意义的成功案例。校地共建图书馆的优势包括以下方面。

（1）校地共建图书馆创新了图书馆的管理体制

我国现行的图书馆事业管理体制是垂直管理体制，是按照图书馆主管机构的行政隶属关系建立起来的。在这一体系下，图书馆分为三大系统，即公共图书馆系统、高校图书馆系统和科研图书馆系统，另外还有工会系统、军队系统、学校系统、党政机关和其他各类图书馆。校地共建图书馆打破了这种垂直管理体制，形成了同一地区跨系统、跨行业的图书馆的新型管理体制，使高校图书馆、市政府、公共图书馆都参与到了图书馆的日常工作管理中，对图书馆的事业发展运行进行统一的决策、统一的管理。此外，校地共建图书馆也革新了图书馆的职能属性。我们知道高校图书馆属于教育部及所属高校管理，其职能属性标签为教育机构；公共图书馆属于中央或同级地方政府管理，其职能属性标签为文化机构。校地共建图书馆既是高校的教育机构，又是地方的文化机构。

（2）校地共建图书馆实现了资源共享，节约了资金

校地共建图书馆通常位于高校内，图书馆馆舍由高校和公共馆共同使用，其原有文献资源、馆舍合并共享，有效地节约了资金。校地共建图书馆由高校和公共馆共同采购资源，能有效避免资源的重复建设，避免资金的重复投入和

浪费现象。此优势在电子资源的采购和使用方面显得尤为突出，因为电子资源被采购后，无论读者利用电子信息资源多少次，电子资源的内容本身不会发生变化，资源本身也不会减少。总之，校地共建图书馆在资金统一调配、资源统一采购、两馆读者共享原则的指导下，从根本上避免了因资源重复建设而导致的图书馆经费不足的问题，使得共建模式得以持续性地发展下去。

（3）校地共建图书馆扩大了服务功能和服务领域

公共图书馆是由政府为公众设立的公益性社会文化服务机构，具有保存人类文化遗产、传承人类文明、开展社会教育、传递科学情报、开发智力资源、提供文化娱乐的职能。高校图书馆是高等院校必不可少的部门，为本校学生和教职工学习、教学、科研提供文献保障。无疑，校地共建图书馆对公共图书馆、高校图书馆的职能进行了拓展，它既具备公共图书馆的一般属性和职能，为提高本地区全民文化素质服务，又具备高校图书馆的一般属性和职能，成为高等教育和科学研究的文献资源保障中心、文献资源管理中心和文献资源学习中心；不仅体现了地方特色，优化了服务方式，还充分利用网络化、数字化的优势，促进图书馆功能和效益的最大限度发挥。校地共建图书馆最大的优势就是扩大了图书馆的服务功能，既发挥了高校图书馆文献借阅、电子阅览、文献传递、科技查新等功能，又发挥了公共图书馆多媒体收看、文化休闲、科普展览、知识讲座等新型的服务项目。

（4）校地共建图书馆能够实现资源利用和服务效益的最大化

通常情况下，高校图书馆的服务对象为本校的学生、教师及科研人员，读者群体固定。因此，高校图书馆的馆藏资源建设也经常围绕本校的学科建设开展，形成了专业性较强的资源保障体系。高校图书馆的工作人员长期管理专业图书，服务本校专业读者的实践，使他们具备了较强的专业学科文献检索、咨询与课题服务能力。

公共图书馆的服务对象是大众群体。由于读者群体的年龄不同、职业不同、需求多样，公共图书馆资源建设要兼容并蓄、全面覆盖，也就是说藏书要具有综合性。公共图书馆主要服务群体是企事业单位职工、中小学教师及学生、退休人员等，社科类成为公共图书馆主要的藏书大类；另外受历史因素影响，地方文献、古籍文献成为其特别典藏。综合这两点，也就是说公共图书馆资源建设偏重科普文艺类，同时具有地方特色。公共图书馆的主要功能就是面向全社会服务，图书馆的工作人员在开展多种形式的讲座、展览、读书辅导等方面积累了较好的工作经验。

高校图书馆与公共图书馆共建后，意味着读者资源也实现了共享。高校图书馆的读者本身已经是公共图书馆的读者，而公共图书馆的读者随着共建的完成，同时成了高校图书馆的服务对象。校地共建图书馆实现了高校图书馆和公共图书馆在资源、人员、读者等方面的全方位整合，解决了高校图书馆文献资源利用形式单一的现状，解决了高校图书馆文献资源闲置严重的现状，解决了高校图书馆馆员在现代信息社会中职能作用不能得到充分发挥的现状；同时，也解决了公共图书馆新书购置不足的现状，解决了公共图书馆专业资源匮乏的现状，解决了公共图书馆馆员知识结构专业水平相对落后的现状，最终实现了图书馆资源利用和服务效益的最大化。

3. 馆企联合

馆企联合模式是指高校图书馆利用自身文献资料和网络资源优势，为企业提供全方位信息保证的联合办馆模式，也是高校图书馆社会化服务的模式之一。高校图书馆需要围绕企业的经营目标，采用文献、网络、走访等多种手段进行数据收集、调研分析和专家咨询，为企业提供个性化、有针对性、技术含量高的信息服务；采购适合地方经济和企业所需的文献信息资料，为企业建立信息平台，建设企业专题数据库，提供课题跟踪、情报咨询、科技查新、文献综述、竞争情报研究、代译代查等信息服务；与企业单位签订信息咨询技术服务合同，全年为它们提供讲座、培训、检索、原文传递等服务，帮助企业不断提高员工的综合素质，使企业更好地发展与生存，从而使高校图书馆与企业达到互惠互利、共同发展。

为了吸引地方性企业，高校图书馆对特色资源库进行开发，为地方企业提供技能培训和专业指导。资源库在内容选择和编排方式上，应该以独特的馆藏资源为基础，符合当地的实际情况，开展具有特色的数据库服务平台，并且具有信息检索与咨询服务功能。为了实现图书馆的信息组织与服务，高校图书馆应有效地利用新技术，并以用户之间相互交流的服务形式去满足企业用户的信息需求，使用移动技术来开通移动图书馆服务，根据企业用户的需求向他们推荐发送移动服务内容，让这些用户不受时间和地点的限制，只要有移动通信终端（手机、平板电脑等），就可以方便灵活地进行浏览、查询及获取图书馆的信息资源；还有各类短信提醒或订制服务的功能；开展一个可以进行双向沟通的参考咨询服务平台，让企业用户不受条件限制地进行信息需求咨询。这会使高校图书馆更好地进入一种企业用户很广泛的服务信息环境中。

要想为双方带来彼此互利的局面、与企业长期的合作关系，稳定的服务场所、人员、设备和各种信息资源是高校图书馆需要具备的条件。这些条件不仅拓宽了图书馆的服务项目，为图书馆带来稳定的信息服务业务和对象，对地方企业来说，也降低了查找信息的时间和成本，带来既稳定又可靠的信息源和合作伙伴。

4. 协会合作

协会合作模式是指高校图书馆通过与行业协会、学会合作，提供面向社会的服务。信息职能是行业协会的基本职能。信息职能的发挥离不开文献信息资源，但行业协会作为一个中介组织，自身缺乏必要的文献信息资源。图书馆与行业协会合作，在一定程度上解决了行业协会文献信息资源短缺的问题。同时，行业协会利用自身的组织协调优势，还能整合行业内高校、信息单位、科研院所、企业的信息资源，以共建共享方式形成完整、系统的行业特色文献信息资源体系，有助于高校图书馆更好地面向社会服务。例如，大连医科大学图书馆以大连医学会医学信息专业委员会为依托，将大连市各医院图书馆组织起来，通过医院图书馆向大连各医院提供文献传递、馆际互借服务，发放馆际互借阅览证，为大连医疗机关提供图书馆服务；同时，利用该馆的人才优势帮助医院图书馆培训馆员，给予图书馆业务方面的指导。又如，中国矿业大学图书馆依托行业协会"中国煤炭工业协会科技文献信息咨询专业委员会"，为煤炭行业企业开展信息服务。

（四）信息资源共建共享创新模式构建策略

1. 完善服务制度

大学图书管理中，人事与财务的管理是很重要的课题。对于服务而言，规范化能够让基础服务保持统一性、整体性和连续性。在基础服务中要把服务细则确定下来，规范流程，细化到点，同时，服务行为和技术规范等行为都包括在内。对于人员来说，规范化可使职责明晰、考核定量化，同时，考核办法和岗位职责也涵盖在内。相关的规章制度制定出来，并且依据服务环境的变化进行补充。这样一来，对工作人员也起到一定的帮助作用，可以让他们养成习惯，规范工作行为，明确工作职责，适应环境变化。

鼓励基础服务工作人员参与馆内各种资源宣传、技术应用讲座，创造机会为其提供各种馆内外交流学习机会，拓宽其业务视野。部门内部可组织定期业务学习，对平时经常出现的问题进行案例分析，同时，将处理较好的案例做进一步的剖析。这样，工作人员深层次服务及处理问题的能力便可以逐步提升。

与此同时，基础服务工作人员最为熟悉服务读者的一线工作，通常提出的工作方法都有着很强的针对性和可操作性，提升业务素质，积极创新，对提升自我定位有一定的帮助，从而获得职业自信。将图书馆理事会制度经过一定的改良，在高校图书馆中推行，将高校图书馆的一部分权力移交至社会公众当中，加强社会参与，提高社会监督。当然，当选的社会成员理事不会参与到高校图书馆的日常工作中，只是参与到高校图书馆开展社会化服务时的相关工作当中，这样能使社会化服务更具针对性、专业性。社会大众非常清楚自己想获得怎样的信息、需要怎样的社会帮助，而引进社会成员理事，可以充分地把资源利用起来，防止浪费不必要的资源。

2. 细化服务准则

首先，陈旧的观念必须改变，新的思维要努力创造，做到这些才能为服务奠定基础。服务意识应该深入一个人的日常习惯中。目前高校图书馆现行的规章制度仍是针对如何服务在校师生、如何帮助科学研究，如果将其作为开展社会化服务的相关规章制度，是不匹配的。社会公众尤其是农民工、儿童、残疾人等，大学师生认为很简单、很普遍的事物对于他们来说是充满陌生感的。这就需要根据不同群体制定不同的服务制度，在大体框架一定的情况下，将准则细分，为每一类群体制定出适宜的制度。其次，只有创新思维的进步和旧观念的改变才会使高校图书馆的社会化服务做到"人"是第一位的。最后，建立多个不同功能的管理部门，如信息组织部门等。这些部门可以更好地研究和管理高校图书馆社会化服务联盟工作，使其具体化、细致化，从而提升信息资源的共享利用率及社会服务内容的丰富性。近几年来，高校图书馆界紧跟党中央步伐，坚持贯彻中共中央各项决策，把"以人为本"的理念引入高校图书馆的各项工作中，使高校图书馆的工作在各方面都取得了不小的进步。这样发展下去，高校图书馆社会化服务联盟在未来的社会化服务中做到尊重人、理解人、真正了解社会公众的需求就会更加简单、直接，从而对不同性格、不同背景、不同身份的公众做出更精准的定位，使公众在高校图书馆社会化服务联盟中享受到真正的人性化、精准化的社会服务。开放思想意识并且改变传统想法，带来的将是开拓创新的思维和实实在在的具体举动。

3. 激励资源供给

任何组织的维持都需要资金的支持。高校图书馆社会化服务联盟要想保持长期稳定、健康的发展，也需要有资金的持续支持。尤其是进入 21 世纪，随着高校图书馆开支的大量增加和图书馆经费的正增长、无增长，甚至负增长，财务管理的重要性也越来越为高校图书馆管理层所重视：如何向校方争取更多的经费预算，如何向外界争取到更多的经济赞助，如何拿到更多的课题经费，如何节省开支，如何降低运作成本，如何同出版商、发行商谈判，以最低的价格买到较好的服务，等等。总之，能不能更好地开源节流，已经成为衡量21世纪大学图书馆馆长是否称职的一个重要标志。

高校图书馆社会化服务联盟的社会服务多为公益性，收费很少或为免费服务。高校图书馆要想维持正常的运转，就必须有充足、持续、稳定增长的资金投入。当前，印度能够形成图书馆联盟化主要得益于政府机构的大力宣传和引导，还有社会各界的广泛支持，最终形成了图书馆资源的共享。印度政府在图书馆联盟中扮演的角色和采取的措施具有突出的借鉴价值。政府通过宏观调控和引导可以加强不同区域、不同高校图书馆的资源交流。高校图书馆社会化服务联盟管理和服务内容具体涉及一些技术研发、设备购买和维护经费开支。除政府财政拨款外，联盟可以适当通过相关服务收费来支持项目。目前，图书馆虽然定位为非营利型组织，但是国外许多事例表明，图书馆联盟在运营中引入市场机制，通过推行公益服务的有偿分档式收费，可以扩大服务机构的资金来源。在中国，有偿服务已被越来越多的公立图书馆和用户接受。中国高等教育文献中心制定了馆际资源借阅书目和文献传递相关费用开支细则等，而读者使用图书馆资源也需要承担相应的费用。这部分收费只能用于联盟的发展，而不可营利。

4. 服务人才的培育

任何一项事业的有效开展都离不开高素质的人才。人才是高校图书馆社会化服务联盟发展的重中之重。受到严峻的竞争压力影响，高校图书馆要使人才在联盟中发挥各自的优势，必须提供一定的平台，使其能够将能力和学习成果运用到联盟中，从而推动高校图书馆社会化服务联盟事业的发展。联盟的发展需要一批专业性强和综合能力突出的杰出人才，能够根据所学的知识和经验，结合当前先进计算机技术和管理方法来提高高校图书馆服务资源的利用效率和服务的质量。高校图书馆社会化服务联盟要高度重视人才的选用和培训，提供多层次的馆员培训，优化馆员队伍。

联盟要对现有的高校图书馆工作人员开展社会化服务内容和方式的培训，通过研究学习国外图书馆社会化服务过程中先进的理念和内容，结合当地的具体民情，推行出当地所需、所想、所要的社会化服务。同时，将社会化服务的宣讲传播到校园课堂、社团活动中，将在校的每一位教师、学生都作为高校图书馆社会化服务联盟中的一分子，尽可能地从多方面壮大社会化服务的队伍。联盟要为优秀人才提供发展空间，同时从经济上保证优秀人才的利益，要尽可能创造机会为一线工作人员提供培训和指导，培训包括基本技能和专业技能的培训；可以采用定期举办培训班的形式，为联盟项目的开展奠定良好的基础。联盟也应该为一线工作人员提供更深层次的进修学习机会，进一步提高基层工作人员的专业素质和能力，形成一种持续性的学习制度。一方面，联盟要加强专业素质的培训，提高基层工作人员的道德素质和服务意识，提高服务的质量，以获得广大读者的认可，满足读者的诉求；要加强工作人员之间的沟通交流，形成一种相互学习的氛围，鼓励并支持各个图书馆每月通过网络对话、讲座、授课等方式开展针对构建联盟建设的交流培训服务，做到及时沟通并发现问题，切实处理好服务流程中存在的障碍，彰显自身价值和学习型组织的综合实力与竞争力。另一方面，联盟要加强和相关机构的沟通和合作，有效地减轻成本负担，实现资源共用，进而联合集体力量改进障碍，为用户提供深层次、专业化、个性化的信息与知识服务；对于高校图书馆社会化服务联盟的核心主力人员，依托相关的事业单位设立独立的编制，解决主力人员的后顾之忧，确保联盟主力人才专注于工作。

5. 提升服务水平

高等院校面向社会提供图书借阅服务的有效执行依赖于图书馆与公众之间的沟通，进而大力发展服务组织，这是提升服务水平必不可少的一部分。为了保障服务体系，高校图书馆必须贯彻落实与公众面对面交流，以及基础服务工作人员利用QQ、微博、微信、豆瓣网等网络工具与公众进行互动。这些互联网平台拥有相对成熟的技术、稳定的服务，公众熟悉并且操作相对简单，信息发布模式便捷，互动性强，可用于宣传资源与服务、解答各种咨询、回复读者建议与意见等，同时，还可延长基础服务的时间。

针对空间而言，基础服务部门在高校图书馆社会化服务联盟中占有很大一部分。基础服务部门要给公众提供传统的借阅服务，同时也要完成信息共享空间的构建。比如，他们利用绿色植物美化环境，精选名言名画营造文化氛围；调整馆舍布局、资源分布，设置读者研讨专用区域；工作人员隐于幕后，把阅读空间最大限度地呈现给读者，如覆盖无线网络，放置多媒体及PC设备，提供文献借阅、电子资源查询、参考咨询的一站式整体服务等。在信息资料搜索的过程中，参考咨询员的作用和职能并非只是将每个所需答案提供给用户，而是要教会信息用户如何靠自己所学的知识和能力去寻找、分析所需资料，并得到正确答案。在此过程中，信息用户便会用所学知识与技巧来武装自己，去完成所承担的科研项目。

随着科学技术的迅猛发展、计算机技术的快速应用、用户追求的多元化，传统的图书馆借阅模式已经远远不能满足读者的需求，跟不上时代发展的节奏。图书馆联盟一方面可以满足读者个性化阅读的需求，另一方面有利于实现其自身价值。当然，图书馆联盟当前迫切需要改变经营和服务模式，实现资源共享，出台相关科学、完善的规章制度，提高服务水平和质量。高校图书馆社会化服务联盟可以通过搭建知识服务平台，通过无线网络同用户的多种智能便携通信设备形成网络，尽可能地拓展知识服务领域，便于读者和图书馆之间信息交流，促进读者对图书馆资源的了解；要构建一个集知识、资源、用户和馆员于一体的动态系统，坚持以用户为本，并通过此动态系统向用户提供实时、全面的资源服务，以便于用户查阅资料、开展科研活动。

6. 创设系统服务机制

政府的公共政策对图书馆事业的发展及合作事业的发展具有举足轻重的影响。在如此激烈竞争的大环境下，尤其在我国的高校图书馆社会化服务体系中，合作系统是一支十分重要的力量。政府凭借自身的行政权力，应用行政与政策手段调控联盟的建设。目前，我国高校图书馆管理条块分割、各自为政，横向联系较少，所以要想组建专门的机构，就需要文化部、科技部、教育部的共同努力，组建专门的机构，协调方方面面的关系，出台相应的政策，并保证专项的资金投入，这样才有可能多部门协作，成为高校图书馆服务的特点。由于以往部门间的业务界限不再泾渭分明，基础服务在进行服务创新时，要拓展思路，不能仅限于本部门的常规工作。基础服务部门读者流量大，是进行资源推介的优质场所。对于文献资源，高校图书馆可在基础服务部门进出口等区域展示到馆新书信息、增订和停订纸质期刊目录、最新电子资源介绍等，同时可设新书、新刊展架，集中展示，方便读者借阅，还可进行针对性文献推介。

高校图书馆要建立物质和精神双向激励机制，根据其行为规范来提高馆员的工作积极性、创造性、自主性。读者培训常以参考咨询部门工作人员为主。实际上，基础部门服务工作人员由于长期接触大量基础读者，了解各类读者的特点及需求，清楚资源、服务利用实践环节易发生的问题及解决方法，能进行更有针对性的讲解和指导，如新生入馆培训、中外文图书及中外文期刊数据库使用培训等。在图书馆的工作当中，馆员之间的相互合作在咨询服务方面很重要。当然，一些传统学者认为，咨询服务是咨询馆员与读者的直接接触，是一个一对一的过程。然而，从咨询服务的实质上看，咨询馆员和读者的交流也是一种合作；而馆员与馆员之间的相互合作更是完成咨询服务工作最为基础的，也是极为必要的过程。我们知道，不同的读者可能提出不同的问题，即使同一位读者也可能提出多个馆员无法准确回答的问题。因此，高校图书馆必须要构建一个科学、完善的问题分配系统，根据读者的问题分派擅长该领域的馆员进行回答，从而大大地提高对读者问题回答的质量和效率。

第四节　高校图书馆社会化服务发展新策略

高校图书馆社会化服务需要及时转变传统观念，积极调动各方力量，采取多项举措，才能推动高校图书馆社会化服务的进一步发展。

一、创新服务方式，促进高校图书馆社会化服务

（一）立足馆藏文献开展大众化信息服务

受采购资金短缺及纸本文献资源价格上涨的双重压力，高校图书馆在文献资源采购时都是围绕本校的教学和科研进行的，因此，开展社会化服务过程中，本馆的文献资源往往不能很好地满足社会读者多样化、个性化的文献信息需求。然而，高校图书馆相比其他类型图书馆，具有最先进的设备资源和知识丰富、学历水平较高的教师资源。因此，高校图书馆可以借此开展更广泛的大众化信息服务，如进行公益讲座、举办学习班或培训班、提供信息咨询服务和信息检索服务等，开展大众化的信息服务，提升公民的文化修养和文明素质，为城市公民精神文明建设做贡献，促进和谐社会的构建。

（二）以资源共享的方式扩展社会化服务资源总量

资源共享一直是图书馆界倡导和努力的方向。由于我国图书馆在长期发展中形成了条块分割的局面，形成了公共馆、高校馆、科研馆、专业馆、儿童馆等各个馆相互不来往的局面，造成了资源的重复建设，也给读者带来了不便。近几年，各地高校图书馆已经打破了校际的限制，在文献传递、资源共享等方面进行了有益的探索，受到了广大师生的欢迎。事实上，各类图书馆因其性质不同，资源建设各有侧重，但是其在读者服务上是完全相同的。高校图书馆与其他类型图书馆通过资源整合，建立统一的检索平台，进而整合读者资源，为

读者建立统一的身份识别标识，即可以做到无论读者去哪家图书馆，仅凭借读者的统一身份证明就可以自由进出各家图书馆，共享各家图书馆的信息资源，从而真正做到一证通行。不管读者的身份如何，通过简单的读者注册信息，既能让其享受到平等的服务，又能让图书馆以人为本的服务理念在校外读者群体中充分体现。

（三）通过远程服务扩展社会化服务外延

目前情况下，高校图书馆完全对外开放，也确实存在一定的困难。高校图书馆首先是为本校师生服务的，对外开放意味着校内读者在文献资源、馆舍设施、馆员资源等各个方面都要和校外读者竞争。有竞争，必然有利益冲突。如何在不影响本校读者利益的前提下开展社会化服务工作，一直是影响高校图书馆迟迟不能面向社会开放的重要原因。近几年，高校连续的扩招造成了教学资源相对紧张，图书馆馆舍设施、馆员服务能力有限的困境，因此，高校图书馆不可能容纳太多的校外读者。而数字图书馆则完全可以避免这方面的困扰。高校图书馆以网络为渠道，以现代信息技术为手段，融合本馆的馆藏资源优势，发挥馆员的丰富经验优势，借助远程服务手段，能够让校外读者随时随地登录图书馆的网站，查阅馆藏资源。此外，高校图书馆也可以面向社会开通馆际互借、文献传递和网络咨询等其他远程服务，拓展社会化服务。

（四）深入周边社区、村镇，积累社会化服务经验

提高社会公众的科学文化素质是建设和谐社会的关键。高校大多地处人员密集的城市中心。城市居民迫切需要提升自我修养、提升工作技能，对知识信息的需求具有迫切性、多样性等特征。因此，高校图书馆应主动深入周边社区、村镇，对读者特征进行深入了解，到单位、社区、村镇宣传学习文化知识和掌握信息资源的重要意义，介绍自己的馆藏资源，吸引所在社区、村镇的人员到图书馆参观，面向村镇、社区居民开展知识讲座，根据读者特性开展阅读辅导，通过小范围的试验，不断积累社会化服务的经验，在实践中修正社会化服务的整体规划，并逐步推广扩大社会化服务的物理空间。

（五）以校地共建模式开展社会化服务

我国中小城市或者二线城市的高校图书馆自身建设相对不完善，开展社会化服务有些力不从心，而采用校地共建的模式，以地方财政收入为支撑，建立新的较为先进的图书馆，同时发挥地方公共图书馆的职能开展社会化服务，不失为一种很好的选择。高校图书馆可以采取校地双方共建的模式，在政府投资

的同时，融合地方图书馆的资源、设备、馆员和用户群体等，增强高校图书馆的综合实力，发挥高校图书馆社会化的功能。

二、转变传统观念，加强社会服务宣传

（一）观念的转变

观念是制约或推动行动的关键问题。要进一步推进高校图书馆社会化服务工作，必须从各方面转变观念，正确认识；必须从全社会的信息资源共享的高度出发，正确认识高校图书馆的信息资源、设备资源和人力资源是通过国家投资建设起来的，不仅仅是某一单位的资源，而且是全社会的资源；必须认识到国家投资建设的信息资源不是被动为少数一些用户服务的，而是为全社会信息用户服务的；要从资源利用最大化考虑，尽最大可能提高信息资源的利用率，而不是使信息资源呆滞。观念的转变涉及以下几个方面。

（1）中央政府要转变观念，在制定政策和法律时充分认识高校图书馆社会化服务的重要性，从战略高度给予重视，并在资金、制度、队伍建设等方面付诸行动。

（2）高校领导要及时转变观念，及时跳出单一的教育圈子，树立大教育观，把高校图书馆置于社会的大环境中，使高校师生用户成为社会信息用户的一部分，在满足本校师生信息需求的基础上，制定相关的制度，采取有效措施，为社会用户提供服务。

（3）各级地方政府要及时转变观念，通过多方渠道，为高校图书馆社会化服务提供人力、财力和政策上的帮助。

（4）高校图书馆管理者及服务人员要及时转变观念，要敢于挑重担，勇于找麻烦，从信息资源最大化利用和社会信息用户的信息需求出发，千方百计地为社会用户提供服务。

（二）加大宣传力度

高校图书馆需要把宣传工作进一步强化，为社会广大人民服务的思想及市场观念要树立起来，向社区居民的开放力度要进一步加大，争取让社区的所有居民都对高校图书馆有一定的了解，了解其馆藏资源与服务流程，在介绍和宣传上采用多种方法并行，进而将人们走入图书馆的愿望激发出来。

在对图书馆进行介绍与宣传上，高校图书馆尽量采用多种形式进行。其中，综合式的销售策略是可以应用的，也就是对信息产品与服务内容不进行直

接的介绍，而是通过设备、人员构成、特色数据库、给用户带来的利益等方式与途径对图书馆的自身情况进行介绍，从而将本馆的成果与特点凸显出来。例如，高校图书馆依据用户借阅图书的具体数量、遵守借阅纪律的状况等给予特定优惠，从而让用户将图书馆的资源充分利用起来；与此同时，用户对图书馆扩大服务对象上所起到的协助作用给予推广优惠，使图书馆良好的市场形象得以树立起来，使用户对其增加信任，进而将社会信息服务范围和产品的销售扩大。

高校图书馆社会化服务的宣传工作一定要双管齐下。第一，在宣传高校图书法方面，各级政府通过多种媒体进行宣传，将服务项目、资源、政策、注意事项等都涵盖在内，使全社会的信息用户都对高校图书馆有一定的了解。第二，高校图书馆与社区相结合，在社区通过办专栏、发传单的形式进行宣传，组织人员深入村镇和社区，为社会人员宣传学习文化知识和获取信息资源的重要性，通过举办讲座、读者座谈会、图书展览、读书活动等多元化的宣传格局，向社会用户全面、系统地介绍高校图书馆馆藏资源布局，以及服务宗旨、服务职能、服务项目等，与此同时，吸引社会人员更深层次地了解图书馆，形成校地互动的关系，从而将高校和社会公众的距离进一步拉近，提升图书馆的知名度。第三，高校图书馆要进一步强化自身的宣传工作，可以通过学校与图书馆的主页进行宣传，或者是通过举办编辑宣传手册和宣传片、资源使用及阅读培训等活动进行宣传。现代图书馆作为信息网络中的一个节点，将自身融入国际互联网中，是网络信息资源库的一分子。为了增强读者对网络信息资源的使用性，在设计图书馆主页的时候，图书馆需要有合理的结构、主次分明、条理清晰，同时，要体现图书馆的风格和人文关怀的特点，从而带给读者好奇和亲切的感觉，与此同时，要进一步强化主页的互动性，加强在线解答问题的咨询项目，把对读者的体谅与关怀体现出来，让读者们不管身在何处都可以感受到这种服务和关怀，将其主页从真正意义上变为信息时代图书馆人文关怀服务的窗口。这样，读者们都可以享受到网络化带给读者的方便、快捷、轻松的人性化服务。

三、成立相应管理机构，保障社会服务顺利开展

高校图书馆社会化服务是一项复杂且长期的系统工程，关联到的社会部门非常多，若想要此项工作可以持续、健康且有效地进行，就需要建立科学且高效的协调领导机构。

图书馆工作指导委员会设立在教育部高教司，其主要职责是制定各高校图书馆社会化服务工作的政策与整体方案，并对此工作的执行状况进行督促和检查；对外将与其他政府机构和行业协会的协调工作担负起来，其中，与当地政府协商高校图书馆的共建共享及其社会化服务的对象、场所、费用、时间和内容都涵盖在内。

相对应的二级工作指导机构——各省、市、自治区教育厅要建立起来，并与本地的现实情况有效结合，本省、市、自治区高校图书馆社会化服务的政策以及实行计划，包括对高校图书馆开展社会化服务有帮助的优惠政策等都要制定出来，与本省、市、自治区的宣传以及文化部门，还有其他类型图书馆要积极进行协调，把图书馆联盟建立起来，将多类型的服务提供给社会用户。同时，高校图书馆社会化服务的评估与监督方法要及时制定出来，对此项工作定期进行评估检查，确保工作的秩序。就现在我国的现实情况而言，可以在教育厅设立各省、市、自治区高校图书馆社会化服务的协调管理机构，其主要负责人可以由副厅长担任，各高校主管图书馆的副校长都加入，由本省、市、自治区的高校图工委负责主要工作。

各高校图书馆基于本校图书情报工作，把社会化服务的有关事务进行详细的规划并实行起来。此机构除主管图书馆的校领导、图书馆负责人，以及学校相关处室、各学院相关领导外，还要将本地社区有关负责人与居民代表吸收过来参加。对该校图书馆的馆舍使用、职工队伍、设备现状、信息资源等，本机构要全方位地掌握并分析，同时，对社区居民的信息需求、学历、职业、年龄也要进一步了解，对本校各教学研究机构的专业、学科设置、教学科研状态及师生的文献信息需求要有所掌握，将适合本校图书馆的社会化服务细则制定出来，同时社会化服务工作也要展开。

四、重点面对弱势群体，开展多层次的服务项目

高校图书馆的社会化服务首先要具备开放的观念，切勿全面撒网、盲目行动，要基于开放的前提下把重点体现出来，特别是对于迫切需要信息帮助、提升自身文化素质的弱势群体（流浪者、下岗人员、城市农民工、身体残疾者）。在提供对外服务上，高校图书馆可以与本校教学、科研信息利用状况，以及图书馆的馆舍、设备及文献资源的实际状况进行结合，针对不同的用户或者用户的不同信息需求提供多样化的服务。

（一）提供传统的基础性知识利用服务

高校图书馆可以为学校附近的居民办理借阅证，为他们提供报刊阅览和图书借阅服务，提供文献下载、打印、复印、扫描等服务。

（二）发挥网络优势，为社会用户提供网络知识信息服务

网上图书馆的特点是没有时空的限制，且快捷方便。针对本地区社会发展和经济建设的热点和重点，高校图书馆可以强化网络信息的整合，收集网上分散且杂乱的信息，然后进行分类，进而将很多随机且杂乱的动态信息转为稳定有序且可以有效高速存取的信息资源；同时，采用不一样的服务方式，满足本地区大量用户的信息需求，搭建起用户和网络间的桥梁。高校图书馆还能够通过其主页对馆藏文献、服务项目、基本的科学文化知识进行介绍，从而可以对社会用户提升科学文化素质起到一定的帮助作用；还能够利用网络及咨询部门，将科技查新、问题咨询、文献传递等服务提供给用户。

（三）利用高校优越的师资资源和文献信息资源，为社会用户提供个性化的服务

不管对于哪所高校，在设置的诸多专业当中，总会有在全国或者本地区具备一定特色的，而这些专业的文献保障能力与学术研究水平具备权威性，且知名度也非常高，同时社会用户也都信任，所以依据专业特色优势，专项开发本校"特色"专业信息，进而便构成了特色数据库并且要利用起来。这样就可以同时获得经济效益与社会效益。高校图书馆可以将现代化信息载体（电视、网络、手机）充分利用起来，以社会上需要的信息为中心，进而制定出相应的服务策略，针对特定范围的网络信息进行查寻、下载、分类、提炼、加工和输出，依据个性需要，主动将需要的知识信息发送给用户，从而实现用户的个性化信息需求。高校图书馆可以面向科研部门、企业团体、政府机构提供各种项目论证、可行性研究、信息咨询、科技查新及定向跟踪等服务，如广西师范大学图书馆向教学和科研人员提供广西神果罗汉果、贡品荔浦芋、珍稀濒危野生动物白头叶猴的信息，并形成了信息联系的长效机制。高校图书馆凭借自身的文献资源和人才优势，推介图书馆的文献信息资源，通过培训、检索技能培训、语言学习或专业技能培训等方式，帮助读者尽快学会使用现代技术设备检索查询文献信息；组织科普活动，举办专题讲座和学术报告，印发宣传品，如开展送书下乡、科技大篷车下乡活动，传播科技知识与文化；举办各种弘扬中华传统文化的展览、阅读辅导和读书活动，在校外开展知识宣传周活动，在校内开展读书月活动，营造读好书、好读书的社会氛围，通过这些活动，实施素质教育，倡导终身学习，构建学习型社会。

（四）联合发达地区图书馆扶持西部贫困地区图书馆

对于中东部地区而言，社会发展程度相对较高，经济比较发达，有着丰富的信息资源，同时传统的纸质文献和电子文献、数字化的图书馆馆藏文献及网络化的信息资源也都具备。诸多高校最近几年将办学方向进行了转变，调整了专业，同时也重新整合了图书馆之前的藏书资源，大规模上架了很多与现有新专业有关的书籍，并且将无关的图书下架了。其实，下架的这部分书籍也是比较宝贵的信息资源，可将它们捐赠给相对贫困的西部地区图书馆，将其馆藏充实起来，进而，馆藏文献资源的重复利用也实现了。例如，石家庄经济学院（原名：河北地质学院）图书馆拥有许多土壤学地层学、矿物学、岩石学等图书资料。河北地质学院于 20 世纪 90 年代由于办学方向进行了更名，即石家庄经济学院，在设置专业上也做出了重大变化，新增加了很多专业，如外语、金融、公关、营销、法律、旅游等，而与新专业相关的图书，图书馆大规模地进行了选购，但是因为馆舍受到限制，需要很多馆藏空间新书才能上架，这样一些旧图书就面临着"淘汰"。于是，图书馆将旧图书捐赠给了西部贫困地区图书馆，从而实现了馆藏文献资源的重复利用。

（五）结合农村实情开展教育扶贫

高校图书馆可将学习用具、教学仪器设备、办公设备、桌椅板凳、图书资料等捐赠给文化站；也可以多举办形式各样的专题讲座与培训班，全方位地对管理人员进行业务培训和指导；也可以举办使用信息发布会，通过原版原刊、产品样本样品展示会等传播信息。这样一来，既方便了基层的用户，也提升与锻炼了图书馆工作人员的素质。

五、实行社会化管理，提高社会化服务水平 [①]

一是坚持实行馆务委员会指导下的馆长负责制和馆务公开制，委员会成员除主管校长及馆长外，应有一定数量、层次的读者参加。二是在核定办馆规模服务任务的基础上，实行工资成本总量的定量化管理。校长与馆长之间签订目标责任合同，使学校真正做到管事不管人。图书馆实行高难岗位精尖技术人才

---

① 沈颖 . 高校图书馆社会化服务创新探究 [J]. 河南图书馆学刊，2009（5）：10-12.

与普通体力劳动岗位人员的分类管理，以降低人才使用的经费成本。三是对文献采购和公共事务采用招标和外包方式，以压缩人员编制，杜绝腐败现象。四是组建多类型、多载体文献共存互补的查、借、阅一体的文献布局模式，为读者提供"一站式"开架服务。图书馆将书库分为主题检索区和分类检索区，前者是利用率高的文献，按专题陈列；后者是流通率低的文献，按分类组织。五是推行专业人员上岗资格认证制度、竞争上岗制度，辅之以聘任合同制，并由经选举产生的"同行评审委员会"对岗位聘任实行仲裁，力争建立起干部能上能下、人员能进能出的用人机制。六是用模糊量化方式对不好量化的工作进行"认定式量化"（由相关负责人和业务骨干组成量化小组，对每项工作的工作量进行认定），按初级、中级、高级读者，以及基础服务、技术服务、参考咨询服务分别赋予不同的权值，并落实到每位职工。当然，当馆藏和读者变化时，图书馆需重新认定其工作量。七是由量化小组和相关各层次读者按一定比例合作，对职工服务质量和效果按年测评，结合出勤、创造性等一起作为年终考核依据，实行绩效优先、兼顾一般的分配策略，并与职务（称）晋升、继续教育等挂钩，对超额完成工作量的要重点倾斜，以鼓励他们积极投身社会服务。

六、加强高校图书馆联盟的整体效能，提高服务质量

仅仅凭借某一家或几家图书馆就想提升其社会化服务效率是无法实现的，多种图书馆联盟优势互补的整体效能一定要充分体现出来，同时，尽可能多地满足社会用户的文献信息需求。针对实际情况而言，与高校图书馆结成的联盟有地域性的中心图书馆、高校图工委，也有行业性的图书馆联盟，如农业系统的高校图书馆工作委员会、民委系统的高校图书馆工作委员会、医学系统的工作委员会，还有数字资源的图书馆联盟，如 CALIS、CASHL 等。这些不同的高校图书馆联盟，在各自的系统当中，互相合作，共建资源，互通信息，基本达到资源共享的状态。

高校图书馆联盟需进一步加强的工作如下。

第一，联盟馆之间资源的共建共知要加大，将不同联盟图书馆之间的信息资源都归入某所高校的图书馆资源库里，尽最大努力将本图书馆为社会用户提供的文献信息总量提升上去。第二，提高各联盟馆文献信息资源的使用率。从现状来看，所有图书馆联盟的资源共享状态都比较好，而共建和共享仍然达不到理想的结果，需要进一步采取措施，如馆际互借、共建网络平台、远程传递等，提高联盟各成员馆的文献信息使用率。第三，制定必要的规则、协

议和服务评估标准，以促进成员馆之间信息、人力等资源要素的自由流动和服务质量的提高。第四，使成员馆注重资源布局的分工和梯度，形成产业链，以整体优势应对外界竞争。第五，建立覆盖本区域、连接国际国内的信息资源共享平台和综合服务体系，按市场机制运作，为提高社会化服务水平提供资源保障。第六，加强区域图书馆间的资源采集规划衔接，防止雷同和重复建设。同一区域内不同类型图书馆之间也各有特色，各自选择最适合自己的资源类型进行建设。在跨区域、跨行业的资源重组中，联盟馆要建立区域内图书馆分工体系，注重资源布局的梯度和分工，发挥优势，形成产业链，增强区域产业联动效应，以区域联合体的整体优势，应对外界竞争。第七，利用现有基础，加快信息基础设施建设，建立覆盖该区域、连接国际国内的信息资源共享平台和综合服务体系，促进信息技术的研究、开发和广泛应用，实现区域内信息资源的公开与共享；建立畅通的信息交流平台，搭建功能完善、服务周到、覆盖面广的联合体交流网络，共同构建图书馆间多元化、高效率、资源共享的大流通格局，实现融合共享，真正使区域图书馆之间形成一个开放、竞争、统一、有序的良好互动沟通的格局。

七、服务购买：高校图书馆参与公共文化服务新模式[①]

高校图书馆社会化服务可以参与公共文化服务购买。政府公共服务购买指政府将原来由政府直接举办的，为社会发展和人民生活提供服务的事项交给有资质的社会组织或个人来完成，与此同时，依据社会组织提供服务的质量与数量，按照一定的标准评估后支付服务费，是一种"政府承担、定项委托、合同管理、评估兑现"的新型政府提供的公共服务方式。根据服务情况，购买可采用招标、竞争性谈判、单一来源采购、询价等多种方式。相较于政府直接提供公共服务而言，社会组织所提供的公共服务更具有回应性，更能够满足公共需求的异质性与多样性。

高校图书馆没有公共文化服务的强制性责任，如开展公共服务存在人员编制、资金需求的缺口，加上管理难度和工作量的增加，更是缺乏服务社区的主动性。目前，高校图书馆公共文化服务更多的是因发展进程需要的临时性合作。如校际联合建设图书馆，政府是为了打造现代化城市标志性文化名片，而

---

① 沈光亮.服务购买：高校图书馆参与公共文化服务新模式[J].情报资料工作，2011（3）：78-82.

高校则是想从当地政府得到更多的优惠政策和资金支持。

现在我国高校办学经费除依赖公共财政投入外，更多的是依靠政策支持，所以，严格地说，高校只能属于准公共组织，这为高校参与公共服务和经济建设打开了方便之门。不少高校以创办经济实体的形式从事科技开发和人才支持工作，在为社会提供科技支持的同时，也获取了较好的经济收益。高校图书馆主要服务于学校的教学和科研，而参与公共文化服务必然要付出人力、物力等成本。无论是从高校层面还是图书馆层面，都不会主动参与公共文化服务，为自己额外增加成本。一项活动若要保持长久的生命力，归根结底要靠长久的利益机制。目前高校图书馆社区公共文化服务中缺乏有效、合理的利益平衡机制，这成为阻碍服务推进的最现实的障碍。因此，必须解决高校图书馆参与公共文化服务的运行机制和成本补偿问题，由高校图书馆参与政府服务委托或项目购买，不失为参与公共文化服务的一种可行模式。高校图书馆公共文化服务购买的形式主要有以下几种。

（1）长期服务购买。这类购买方式一般适用于那些长期需要的服务或资源供给。比如，高校图书馆将闲置的馆藏文献资源根据居民需求长期分量提供，而政府职能部门或服务网点按量核算补偿。

（2）任务性服务购买。这类购买方式一般适用于一次性资源供给或服务，服务或资源提供完成时合同即可终止。比如，高校图书馆针对社会开展的业务培训、信息咨询、课题信息跟踪服务或项目评估等服务，因其时间性、针对性较强，一般适用于任务性服务购买。

（3）业绩服务购买。业绩服务购买是政府职能部门要求高校图书馆明确界定服务的种类和标准，按照资源、服务的数量和质量对服务进行综合评价的一种服务购买形式。比如，对高校图书馆提供的文献资源，不仅要根据其提供的数量，还要根据其利用的效果来综合给予考核，从数量和内容两方面来考核文献资源的质量，而对于任务性文献信息服务，也应更多地从实际业绩方面来给予质量评价。

高校图书馆公共文化服务购买的内容主要包括：图书资料供给，向社会居民直接开放服务，与社区共同开展文化活动，开展社区文化管理服务人才的培训及社区居民技能培训等。

第五节 高校图书馆社会化政策完善与能量提升

高校图书馆社会化服务的实现是一个系统工程，需要其转变完全服务于教学和科研的传统理念，在面向社会服务实践中体现全新的公共服务精神。随着网络化、数字化的发展，从更深层次、更大范围上挖掘高校图书馆开放的领域和内容；找准高校图书馆的定位，确定主服务群，拓展更宽阔的服务领域，建立健全公共服务体系，构建完善的保障机制，实现高校图书馆社会化服务的可持续发展。

一、高校图书馆社会化政策的必要性

（一）政策权威性可促进社会化进程

1.政策权威性使主管部门参与其中

主管部门鼓励高校图书馆向社会开放服务，但仅限于口号，没有具体的、令人振奋的措施跟进。图书馆界面临的困难重重，主管部门对于投入又很少提及，也在一定程度上阻碍了高校图书馆的社会化进程。社会化的相关政策以其权威性对高校图书馆主管部门的工作职责进行了规定。

（1）主管部门必须提高对社会化服务的关注度，时刻注意高校图书馆在社会化进程中遇到的实际困难，并帮助解决。

（2）主管部门必须加大对社会化的投入力度。经费投入的增加可以提升图书馆对于社会化的热情。

（3）主管部门要对高校图书馆的具体工作进行监督，以行政手段推进社会化服务的进程。

（4）主管部门对各方利益进行协调，为社会化服务创造良好的外部环境。

（5）主管部门邀请社会机构参与其中，发挥各方优势，共同推动社会化服务进程。

现有相关政策对主管部门关于高校图书馆社会化问题的职责均没有明文规定，致使主管部门在社会化服务中的地位有些尴尬，很多事情不便干预。即便高校图书馆遇到困难，主管部门依旧无法提供帮助，进而阻碍了社会化服务的进程。

2.政策权威性督促图书馆落实开放服务

需要有关政策法规去督促高校图书馆社会化服务的落实程度。当面对未知事物时，通常情况下，大家都会因为害怕或者可能遇到的困难而停住脚步。高校图书馆面临社会化服务，也会因为一样的问题而消极对待。而社会化政策法规的出台，通过政策或法律条款的形式将社会化服务进行了相应的规定，成了高校图书馆一定要履行的社会职责，让高校图书馆明确社会化服务和教学科研服务是相同的，都是分内的工作，一定要采取行动，不可消极对待。这等同于从政策高度将高校图书馆的退路阻断了，进而起到督促的作用。社会化政策法规还会把整套的监督机制制定出来，监督高校图书馆对社会化工作的实际落实的情况。与此同时，有效的动力机制对图书馆起到一定的促进作用。

3.政策权威性赋予图书馆更多的自主权

开展社会化服务，需要高校图书馆将主观能动性发挥出来，创新服务模式，创造性地开展工作，而激发创造性的根本，是给予高校图书馆足够的自主权。社会化服务的相关政策，以其权威性对自主权的范围进行划定，并保证高校图书馆能够在其职责范围内充分运用应有的权力来推进社会化服务的进程。

（1）允许图书馆根据自身的特点和优势，开展适合的社会化服务，以最少的资源投入，收获最大的效益。

（2）允许图书馆与社会机构合作，优势互补，共同开发信息资源。

（3）赋予图书馆一定的资金权力，允许图书馆在一定范围内对经费自由支配，或简化审批手续，提高社会化服务的效率。

自主权的授予并不是一个简单的过程，需要主管部门进行深入的调研和细致的思考，若权力下放过多、程度过大，有可能导致图书馆利用权力自行缩小社会化服务范围、降低服务深度；若权力下放过少、程度过小，又会限制高校图书馆的行动。另外，对于政策赋予图书馆的权力，主管部门还要保持很好的连贯性，防止朝令夕改。总之，权力赋予的不当以及连贯性的缺失，都会影响社会化服务的进程。

4.政策权威性消除社会读者顾虑

社会化服务对于高校图书馆而言仍处在探索时期，对于社会读者而言更是件新鲜事，再加上高校对社会人员进入校园的限制，使得他们不清楚自己在高校图书馆社会化服务中拥有怎样的权利，进而对社会化服务采取敬而远之的态度，影响了社会化服务的进程。出台完善的社会化政策，社会读者的顾虑可以被政策的权威性消除。

（1）使社会读者明确自身拥有平等使用高校图书馆的权利，同时，利用政策的权威性确保自身权利免受侵害，从社会读者的角度消除社会化服务推广的障碍。

（2）使社会读者明确其自身的权利范围，避免由此产生的误解，从社会读者的角度消除社会化服务的潜在风险。

（3）使社会读者明确高校图书馆的优势所在，增强其利用社会服务的动力。

（二）政策确定性可明确社会化方向

1.政策确定性明确社会化的合法性

在政策没有明确规定的前提下，一些高校向社会开放仅仅是由于理论研究或社会需要而自愿开展的。相关政策法规可以比较全面地规定高校图书馆社会化的义务、资金来源、服务方式、协调机构、保障措施、社会读者的权利等。政策对如上问题进行明确规定，保障了社会公民平等、有效地利用高校图书馆的文献资源。如何开放、什么时间开放、开放哪些功能或区域、开放到什么程度等，面对这些实际问题，高校图书馆均可以从确定的、明确的政策条文中得到支持。保证社会化工作的合法性，对高校图书馆主观能动性的调动作用是显而易见的。有了政策的明确支持，高校图书馆才可以大胆地开展工作。

2.政策确定性明确社会化的目标

高校图书馆向社会提供文献信息资源与信息服务，其实质是信息资源共享。这在《武汉宣言》中有明确表述，即"最大限度地满足校内外读者的信息需求，实现最广泛的信息资源共享，是大学图书馆追求的崇高目标"。这句话不但点明了社会化的实质，同时也为社会化工作指明了发展方向。虽然《武汉宣言》指明了社会化的目标，也受到了广泛的支持和追捧，但其并不是国家政府及主管部门出台的政策法规，因此不具备政策法规的明确性和稳定性。

相比"民间"倡议，政策具有明显的确定性，因此将高校图书馆社会化及其最终目标写进政策条款，有助于图书馆界明确社会化的实质和目标。只有目标明确，各图书馆的社会化服务才能做到有的放矢、协调工作，不至于因为各馆的目标不一致或目标不正确而影响社会化服务的开展；若目标不明确或没有在政策中体现，那么潜在风险随时存在爆发的可能，造成诸多的负面影响。

3.政策确定性明确社会化的不同阶段

社会化服务的开展，会由于高校图书馆的水平不同、情况不同、开展工作的时间不同，呈现出一定的差异，而这些差异集中体现为社会化服务在各图书馆开展程度的差异。帕提曼认为，为部分读者办证、向社会全部或部分开放，诸如此类的社会化工作取得了一定进展，也得到了社会的认可，但是并不代表社会化的方向。他认为"信息服务、专业指导、方法培训、人才培养、技术支持、方案策划、项目合作、学术示范、科研引领等智力输出应该成为高校图书馆社会服务的主要取向"，并视其为社会化的发展方向。但实际上，这可以被理解为社会化服务的不同阶段。

政策的确定性可以帮助各图书馆明确自身社会化工作所处的不同阶段，明确自身需要提高的领域，以及下一阶段的发展方向，同时帮助图书馆规避冒进的风险，有利于社会化服务的平稳推进。允许社会读者入馆、允许图书外借等是社会化的初级阶段，与大多数图书馆的实际能力是相匹配的，是所有图书馆开展社会化服务伊始都会涉及的领域。图书馆还可根据社会读者的借阅历史等信息，摸清社会读者获取信息的能力及兴趣取向，以便开展下一阶段的社会化服务。初级阶段平稳度过之后，图书馆可根据其积累的经验和数据，有选择地、合理地开展帕提曼所提出的那些更高阶段的社会化服务。总之，政策及其确定性特点能够帮助图书馆平稳度过社会化服务的每一个阶段。

4.政策确定性明确社会化的实现途径

政策的制定者会在原有政策、法规或文件基础之上，结合社会化服务成功案例，对社会化服务的实现途径进行明确规定。这些途径可以包括：开展区域合作，以解决来自社会读者的更为复杂的信息需求；建立统一的网络服务平台，以满足不能到馆的社会读者对于数字化信息资源的需求；明确社会化服务经费的来源；确定馆员培训制度，为社会化提供人力资源保障。

此外，政策也可以规定其他能够保障社会化服务实现的途径，而这些途径在政策中被固定下来，帮助高校图书馆在社会化服务的方向上走得更远。

（三）处理社会化矛盾关系有章可循

高校图书馆向社会开放之后，必将面临诸多矛盾。相关政策法规的出台，可以帮助高校图书馆在处理这些矛盾的时候有章可循，不至于因处理不当致使矛盾激化或升级。高校图书馆原有工作规律和社会读者需求的矛盾是高校图书馆社会化诸多矛盾的根源。这对矛盾关系可以演变为以下几对矛盾。

1.有限的资源与读者需求增大之间的矛盾

高校图书馆的经费划拨、馆舍规模、文献数量、人员构成历来是以满足高校读者需求配置的，并在长期的摸索中逐步完善和改进。虽说各馆都存在这样或那样的不足，但是各类资源也基本能满足高校读者的各类需求。但如今，高校图书馆向社会读者进行开放，原本不变的资源需要满足数量更为庞大的读者群的需求，那么有限的资源数量与急剧膨胀的读者需求之间就会产生矛盾。如何处理这对矛盾，便成为各高校图书馆无法回避的问题。没有统一的规范，各馆只能自行探索解决之道。因此，高校图书馆社会化政策法规的出台就显得尤为必要。一方面，相关政策法规可以使高校图书馆处理此类问题有法可依，不至于在面对质疑的时候无力应对；另一方面，相关政策法规的出台也可以帮助高校图书馆找到解决这对矛盾的有效途径，少走弯路，将更多的精力投入有效地落实社会化服务的工作中。

2.信息共享与知识产权保护之间的矛盾

信息共享与知识产权保护是当今信息领域的两大潮流和方向。一方面，信息资源共享是高校图书馆社会化服务的出发点和落脚点；另一方面，高校图书馆接纳社会读者，又必然涉及知识产权保护问题。一方面是代表社会公众利益的信息共享，另一方面是代表权利人个人利益的知识产权，二者矛盾显而易见，但如何处理，已经不是单一或几个高校图书馆所能解决的问题了。而高校图书馆社会化的相关政策法规则可以从更高的层面来化解和缓和这对看似无法调和的矛盾。

（1）肯定权利人的权利，引导和提倡社会读者在合理的范围内挖掘和利用信息资源，最大限度地平衡权利人和公众各自的利益。

（2）鼓励高校图书馆对社会读者进行法治宣传，强化社会读者的知识产权意识，引导社会读者从主观上消除侵权行为的动机。

（3）鼓励高校图书馆和信息生产者利用数字签名技术、访问控制技术、加密技术、入侵检测技术等现代技术手段保护知识产权，从客观条件上降低被侵权的风险。总体来讲，高校图书馆社会化政策法规，可以在帮助高校图书馆降低知识产权保护难度的同时，保护权利人生产知识、共享知识的积极性，从而促进社会化工作的深入开展。

3.公益属性与有偿服务之间的矛盾

高校图书馆社会化服务属于公益活动的范畴，但是社会化服务必然产生相应的资源消耗，而这部分消耗如果由高校图书馆自身经费承担，势必会对高校图书馆的经费造成压力，成为高校图书馆的负担。但是，社会化服务收费又比较敏感。从近些年的实际情况来看，凡是涉及高校的收费问题，无论是否应该、数量合理与否，都会引来一拨社会舆论的声讨，所以有偿服务又会让高校图书馆承担过多的舆论压力。一方面是公益活动的初衷，另一方面是资源消耗的实际情况，高校图书馆在有偿服务问题上显得进退两难。但如果从政策法规的层面和角度，对高校图书馆的实际问题进行阐述，那么社会舆论就会更易于接受高校图书馆有偿向社会提供服务的现实，可以调和社会化服务工作公益属性与有偿服务之间的矛盾。有力的政策法规，一方面能够提供良好的舆论环境，能够使高校图书馆更愿意花精力在社会化服务工作上；另一方面也能够保证图书馆的经费支出结构不会因为社会化服务工作而受到过大的影响，从而提高高校图书馆对社会化服务工作的执行力。

4.专业化信息服务与科普性需求之间的矛盾

服务于教学和科研是高校图书馆的核心工作。这一核心内容不应当，也不会因为社会化服务而有所改变。正是这样的核心工作，使得高校图书馆的资源建设和队伍建设呈现专业化趋势。这是高校图书馆相对于公共图书馆的主要优势所在。但也正是由于高校图书馆的专业化特点，与社会化服务的科普性、娱乐性需求产生了矛盾。如果高校图书馆放下身段，用专业化的资源与队伍服务于层次较低的科普性、娱乐性需求，难免造成资源浪费。因此，高校图书馆会倾向于指导社会读者以"自助"的形式满足自身需求，但这又有"不作为"之嫌。社会化服务相关政策法规的出台，则可以为高校图书馆提供可靠的避风港湾，帮助高校图书馆在可控的范围内开展社会化服务。

（四）评估图书馆开放效益有法可依

政策法规的出台，可以对高校图书馆社会化服务的实际效益进行评估。这里所指的效益，涵盖社会读者和高校图书馆自身两方面的效益。社会读者的效益包括社会读者文化需求得以满足的社会效益、社会企业和机构所获得的经济效益。高校图书馆自身的效益主要指社会化服务的投入产出比。

1.社会化服务的社会效益

社会化服务的社会效益包含诸多方面。

（1）社会读者在利用高校图书馆的过程当中，其文化需求得以满足。高校图书馆与公共图书馆形成补充，解决交通等问题造成的读者利用图书馆资源的障碍。

（2）从社会层面来讲，可以弘扬民族先进文化，提高公民的知识水平和思维能力。

（3）体现社会人文关怀。符合图书馆以人为本、读者至上的服务理念，促进社会的和谐发展。

相关政策法规的出台，可以对高校图书馆社会化服务的社会效益进行评估。社会读者的文化需求是否得以满足，是社会效益评估的一个重要方面。但是与此相反，我们也应当意识到，人们的需求往往更依赖于感性、直觉、情绪和习惯的支配，因此那些低俗文化会轻易地占有较大的市场。如果对这些需求进行不假思索的满足，则会造成不好的社会影响，而社会效益也无从谈起，久而久之便会对高校图书馆的社会化服务造成不良影响。因此，政策法规对社会效益的评估，应当更注重高校图书馆对社会文化风气的影响，即在我国精神文明建设中发挥的积极作用。

2. 社会化服务的经济效益

这里所说的经济效益，指的是高校图书馆单独，或与服务对象合作开发信息资源，并将信息产品应用于实际生产或经营后，为社会化服务的对象所带来的实际收益，即被服务者的经济效益。实现可观的经济效益是营利性机构利用高校图书馆社会化服务的出发点和落脚点。从社会的角度来看，政策法规对社会化服务经济效益的评估，能够帮助社会化服务的对象选择质量更好、水平更高的高校图书馆进行合作，或者帮助他们选择更为合适的服务内容，以达到经济效益的最大化。从高校图书馆的角度来看，政策法规对经济效益的评估，也能够帮助高校图书馆明确自身实际水平，认清差距所在，同时，也会使开放服务的高校图书馆之间产生竞争。这对于高校图书馆社会化服务，乃至高校图书馆自身的发展都有极大的益处。

3. 图书馆的投入与产出

在高校图书馆社会化服务的整个过程当中，图书馆借助于馆藏和网络信息资源，以及劳动的消耗，或生产出新的信息产品，或向社会读者提供服务。这一过程势必产生资源的消耗。资源消耗和信息产品与服务的产出之间的对比，是衡量社会化服务的重要内容。产出大于消耗，可以被认为是好的信息服务；消耗大于产出，则是差的信息服务。社会化服务相关政策法规可以通过明确的法规条义对社会化服务的投入与产出进行量化评估。同时，高校图书馆也可以依据相关的评价结果进行自查，找到自身工作流程中的不足，提升服务效果，进而达到有效控制投入产出比的最终目的。此外，高校图书馆还可以依据政策法规的评价结果，对投入相对较高的信息服务内容收取相应的费用，作为图书馆社会化服务的经济补偿。一方面，良好的投入产出比，是高校图书馆社会化服务实现社会效益、经济效益的重要保障；另一方面，政策法规对图书馆投入产出比的评估结果，还可以规范高校图书馆涉嫌乱收费的做法，规避由此产生的不良的社会影响。

二、完善高校图书馆社会化政策体系

（一）重新修订《普通高等学校图书馆规程》

现行《普通高等学校图书馆规程》颁布于 2002 年，距今已有十余年的时间。在这十几年间，高校图书馆与高等学校一同经历了连年扩招、教育体制改革等历程。与此同时，高校图书馆也面临着自己的困难，该不该向社会开放？如何开放？如何解决开放过程中遇到的问题？依据又是什么？现阶段，高校图书馆向社会开放服务所能够依靠的官方文件只有 2002 年版的《普通高等学校图书馆规程》，然而规程中也仅在第四章第二十一条中涉及这个问题，但对各种细节却没有任何深入的说明。这对于想要实施开放服务的高校图书馆来说，只有方向上的指引，却没有任何操作上的指导，因此实际意义不大。

鉴于以上原因，《普通高等学校图书馆规程》重新修订的问题就摆到了业界面前，对于规程其他方面的修订，本节不做具体讨论，仅从高校图书馆社会化服务的角度进行探讨。

1. 概念模糊问题

现行规程中并没有确定什么样的条件可称为有条件，什么样的可能称为尽可能。这些模糊性的概念可以使消极的高校图书馆轻易地回避社会化问题，因此，解决概念模糊的问题，是规程修订需要考虑的首要问题。

2. 责任问题

从现在的状况来看，高校图书馆需要承担向社会开放服务的责任和后果，如占用教学资源所产生的校内师生的抱怨，这势必影响高校图书馆的积极性。因此，规程需要分担高校图书馆的这部分压力，从而提高其积极性。

3. 费用问题

现行规程对费用问题有了明确的阐述，这可以缓解高校图书馆由于开放而带来的经费压力，因此，规程的修订需要考虑如何引导舆论消除这方面的误区。

4. 知识产权保护问题

在数字化成为趋势的大环境下，高校图书馆无论提供何种形式的信息服务都有潜在的或明显的侵权行为，而这势必会成为高校图书馆社会化服务的阻碍之一。因此，找到获取信息和产权保护的平衡点也是规程修订需要考虑的问题。

（二）出台配套的实施细则

高校图书馆社会化工作的开展，仅有一部《中华人民共和国公共图书馆法》和完善的《普通高等学校图书馆规程》是不够的，为了保证这些法规的顺利实施，还应出台相关的实施细则。实施细则又称细则，是有关机关或部门为使下一级机关或人员更好地贯彻执行某一法令、条例和规定，结合实际情况，对其所做的详细的、具体的解释和补充。实施细则一般由原法令、条例、规定的制定机构或其下属职能部门制定，与原法令、条例、规定配套使用，其目的是弥补原条文的漏洞，使原条文发挥出具体的工作效应。

配套的实施细则对于各项法律和规程得以顺利实施是必不可少的。日本在1953年颁布了《学校图书馆法》之后，文部科学省和全国学校图书馆协议会根据实际需要，在之后的几十年中又制定了十几部配套性规章、规定和标准，如《学校图书馆法实施令》《学校图书馆法施行法则》《学校图书馆司书教谕课程培训规程》等，直到1993年，还有《学校图书馆图书标准》等配套措施陆续出台。可以说，这些细则在很大程度上保证了日本《学校图书馆法》的顺利实施。

细则具有很强的可操作性，它可以对《中华人民共和国公共图书馆法》等法规所涉及的概念进行界定，同时规定具体适用的标准和执行程序，对于高校图书馆社会化的工作有很强的指导作用。此外，相关细则对《中华人民共和国公共图书馆法》等还具有一定的补充性和辅助性，弥补法律原则性强但细节性差的缺陷。

最后，细则还具有相当强的灵活性。法律从起草到颁布，需要经历较长的时间周期，其修订也同样需要经过较为复杂的程序。相比而言，细则具有较强的灵活性，可以对成文法律进行随时的补充和解释，从而在较短的时间内解决高校图书馆社会化过程中遇到的新问题、新困难。

（三）建立政策法规执行力的监督机制

有效的监督机制是高校图书馆社会化服务相关政策法规得以落实的强有力保障。

1.建立执行督查制度

督查制度的建设，是对督查事项的跟踪监督，明确有关部门的工作职责，增强全体工作人员对规章制度的执行力。高校图书馆的主管部门可以依据实际情况设置检察机构。该检察机构针对各高校图书馆对相关法律、法规和政策的执行情况进行监督,对于执行不力的高校图书馆,应当予以批评,并督促其尽快有效地执行。检察机构对检察工作要有详细的记录,一方面可以作为政策法规修订的依据,另一方面是对检察机构工作经验的良好积累。

2.实行无为问责制度

所谓无为行为,是指不履行或不正确、及时有效地履行规定职责,进而导致工作延误、效率低下的行为。无为行为大多数是由主观原因所致,主观努力不够,工作能力与所负责任不相适应,极有可能导致工作效率低下、工作质量差、任务无法正常完成。高校图书馆在向社会读者开放的过程中,出于以上原因,有可能导致无为行为的产生,因此,对于无为行为的问责制度,可以在一定程度上避免此类问题的产生。对于无为的高校图书馆,如没有正当理由,未完成或履行图书馆相关法律、法规所规定的职责,进而影响高校图书馆向社会开放工作进展的,有关主管部门应当予以一定的惩戒,如通报批评、书面检查、公开道歉、减少经费划拨等。同时,主管部门和高校图书馆应当正视问责制度的最终目的是提高执行力这一事实,不应抱有其他负面情绪。

3.实行过错追究制度

建立环环相扣的过错追究机制,针对不同层次的高校图书馆,以及不同层面、不同岗位的高校图书馆工作人员,制定出精细的责罚条例,让执行力弱或者有过错的高校图书馆及个人,为其行为负责,并依据过错的严重程度给予不同程度的责任追究。责任追究的目的在于规范高校图书馆及其工作人员的各个工作环节,以保证高校图书馆工作的有序进行,保障高校图书馆向社会开放服务工作的切实开展。对于高校图书馆来说,向社会开放服务没有过多的经验可供借鉴,当面临新问题、新诱惑的时候,一些单位或个人难免会犯这样或那样的错误。如果没有过错追究制度的规范,很多矛盾便会逐渐积累,势必影响开放工作的进行。因此,过错追究制度的建立,对于高校图书馆的工作,尤其是向社会开放服务的工作,其必要程度可见一斑。

4.实行文件执行复命制度

复命制度是指对主管领导所安排的任何工作,无论进度如何、完成与否,被安排的机构或者个人都要在规定时间内向安排任务的机构或者个人进行反馈的一种制度。复命制度要保证事事有落实、件件有回音。实践证明,复命制度是保障执行指令、加强执行力、提高工作效率的重要手段,在实际工作安排中经常被使用。高校图书馆落实相关政策法规后,发现存在一定程度的困难或阻力，无法按时、保质完成的时候，必须在规定时间内通过公开、正当的程序向主管领导如实地反映情况，否则，就不能够有任何理由不完成工作和任务，就要被追究相关责任；同时，任务完成时，也应及时进行复命，以保证主管领导及时掌握政策法规的落实情况和相关工作的开展情况。从高校图书馆的角度来看，执行复命制度也可以很好地规避风险。前面我们提到，为了保证政策法规及相关工作的有效落实，需要设立无为问责制度和过错追究制度。这两个制度在很大程度上保证了相关工作的开展，但是高校图书馆也因此面临了一定的风险。而复命制度可以建立下级对上级的有效沟通途径，帮助下级部门及时反映困难，从而规避了自身风险，进而提高其开展工作的主动性。

5. 强化绩效考核体系建设

绩效考核是提高执行力的有效激励途径。绩效考核体系的建设，应围绕高校图书馆社会化服务相关政策法规所要达到的最终目的建立。绩效考核体系建设的关键在于建立一套完整的、可量化的绩效指标。

（1）这套绩效考核体系既有明确的目标导向，又有对高校图书馆社会化服务关键业务的考核，指导高校图书馆应当在哪些业务中投入更多，以达到社会化服务的预期目标。

（2）绩效考核体系既要营造一种机会上的平等氛围，又要体现单一图书馆与高校图书馆界整体之间的平衡关系，最大限度地调动各高校图书馆的人力资源与馆藏资源，引导高校图书馆向社会开放服务。

（3）绩效考核体系还可以通过资金激励、授权激励等措施，充分调动各高校图书馆对社会化服务的工作积极性，提高其对相关政策法规的执行力。

专门政策法规可以以其确定性和权威性对社会化所涉及的各个方面和各个环节进行规范，使高校图书馆在处理社会化矛盾时有章可循，评估开放效益时有法可依，从而明确社会化的方向，促进社会化的进程。但一部专门的政策或法规是完全不够的，只有一套完整的、充分考虑到各方利益的政策法规体系才能对社会化服务进行全方位的保障。这套完备的体系应当包括内容全面的图书馆法、专业性程度较高的高校图书馆法和高校图书馆社会化专门法规，以及保障这些政策法规有效落实的各类实施细则。同时，有效的、可操作性强的监督机制的建立也是保障社会化顺利开展的必要手段。总之，只有处于政策法规的保护，以及社会和主管部门的监督之下，高校图书馆的社会化服务工作才能真正落到实处。

三、提升高校图书馆社会化的总能量

（一）重塑公共服务精神

一直以来，高校图书馆缺乏主动为当地社会发展服务的思想，没有把社会教育和为社会提供信息服务纳入工作职能，将社会读者拒之门外。然而，时代发展需要高校图书馆打破封闭办馆模式，增强主动向社会开放的意识，将开放的理念贯穿于工作的各个环节，将所有文献和设施向全体读者敞开，对校内读者和校外读者一视同仁，让每一位读者都能享受到图书馆的服务，彰显图书馆的本质属性。高校图书馆要认清自身的社会价值，关注和了解社会读者的信息需求，思考高校图书馆的社会责任，以开放、主动、公益性的服务精神为社会提供服务，增强社会服务意识，把图书馆的信息服务与经济建设和社会发展需要紧密联系起来，提高信息服务的社会效益和经济效益。作为一种公共资源，图书馆存在的唯一理由就是让所有民众平等分享，以期实现社会价值的最大化。

（二）打造开放式服务模式

"开放"不是简单的开门服务，而是一个全方位概念，它体现了图书馆服务的公平、公正、宽松、和谐与民主。高校图书馆在服务对象上，以面向社会所有人开放为宗旨；在服务形式上，改进现有针对教师和学生的服务模式，拓宽对社会大众有针对性的服务方式。高校图书馆从图书馆实际情况和社会需求出发，向社会公众提供全方位、多渠道的服务，如为社会读者办理借书证，提供图书资料的借阅；发挥高校图书馆的资源和技术优势，开展网络信息服务，方便社会读者及时查阅最新的文献资料，利用网络手段解答社会读者咨询的问题；结合本馆馆藏，定期或不定期地整理科普类图书，进行专题书展，向社会读者宣传知识，传递信息；开展社会读者信息素养教育，扩大高校图书馆的社会影响力和认知度，塑造良好的社会服务形象。高校图书馆在服务时间上，保证开馆时间能够满足社会读者实际需求，尤其是在节假日开放；在服务设施上，以读者安全、便捷为本，合理布局图书馆建筑及设备；在服务管理上，以保障、维护读者利用信息为目标来制定各种规章制度。开放服务是图书馆公共服务精神的重要表现，因为开放式的服务模式能够从形式上保障服务的公平、公正与公共。

（三）提升深层次服务能力

深层次信息服务是高校图书馆服务社会化的主要内容之一，其内容可以

包括代查代检服务、科技查新服务、定题服务、市场信息咨询服务、企业信息咨询服务等。提供深层次信息服务涉及面广，具有专业深度，对图书馆的资源和人员都有较高要求。要想提升深层次服务能力，首先，高校图书馆要提高馆藏质量，兼顾本校教学、科研和社会公众的需要，扩大馆藏规模，突出馆藏特色，提高文献利用率，构建既能满足教学、科研需求，又能在一定程度上满足社会多元化需求的文献资源和馆藏体系。其次，高校图书馆要提升图书馆工作人员的素质。图书馆咨询人员既要具有相应的学科背景，又要有宽广的知识面、熟练的计算机技术能力和较强的信息分析综合处理能力。咨询人员整体素质的高低制约着其服务能力。最后，高校图书馆需要充分发挥自身优势，对信息资源进行深度开发，向社会各类读者提供多层次、多样化的信息产品。只有提升服务能力，高校图书馆才能面向社会开展更深层次的专业化与个性化服务，以获得更大的社会效益和经济效益。

（四）组建多元化服务团队

为了适应高校图书馆向社会开放的趋势，高校图书馆还需要优化图书馆人力资源结构，增强专业人才的建设与培养，明确发展目标，完善人力资源建设支持体系，解决机制和制度等方面的问题，打造知识结构合理、专业化程度高、职业道德水准高的人才队伍，进一步完善学历结构和专业结构，按照服务内容和服务层次划分不同的团队，配备不同层次的人才。社会服务管理团队承担社会化服务管理和简单地使用咨询工作，其成员以业务水平一般的普通馆员和校内志愿者为主。信息技术团队主要负责有关电子设备和各类软件使用指导及电子资源利用问题，以具有计算机及网络相关知识的馆员为主。学科服务团队提供信息跟踪、资源分析等深层次知识服务，需要具有专业知识背景的高学历、高素质人才，以此建设一支结构更合理、素质更优良、善于协作、勇于创新的社会服务队伍，以更好地达到为社会服务的目的，满足社会化服务中的多层次、多学科、多元化的信息需求。

（五）拓展公共服务空间

面向社会服务的高校图书馆不仅仅是文献信息中心，也应当是社会教育中心和文化娱乐休闲中心，与公共图书馆一起担负"启迪民智，普及教育"的职能，不断拓宽公共服务空间。高校图书馆应紧密结合所在地方的经济发展和文化建设，积极服务于基层，充分发挥社会教育职能，面向社会读者开放图书馆的功能区域及教育资源，如报告厅、影音播放室、多媒体学习室，为公民提供继续教育的设施和条件。高校图书馆可以和公共图书馆、社区图书馆及农家书屋等建立馆际合作联盟，参与公共图书馆资源与设施建设，为其提供建设参考方案、信息资源服务、图书捐赠、人才培训等；协助社区馆和农家书屋建设具有本土特色的文献资源体系，实现高校图书馆与公共图书馆、社区图书馆网络信息资源共享；建立社区服务网站，开辟社区服务栏目及电子信箱，为居民提供信息服务；组织教师和学生志愿者到社区和农村乡镇开展丰富多彩的文化活动，围绕他们关心和关注的问题，举办一些专题图书展览、影片展播、讲座、读书会及学术沙龙等活动，既丰富了基层文化休闲活动，又提高了公民的文化素质和信息素质。

（六）健全公共服务体系

高校图书馆的资源是有限的，并且需要优先满足本校教学和科研的需求，仅凭一己之力，难以满足社会需求，所以必须实现资源的共建共享，多方合作，完善公共服务平台，构建开放式、立体化的公共服务体系，才能更好地履行公共服务职能。

首先，高校图书馆服务社会要根据所处地域的特点，找准定位及切入点，与公共图书馆一起发挥区域整体服务优势，更好地满足社会信息需求，加强各类图书馆之间的资源共建与共享，加强对网络信息资源及各方面文献资料的搜集、筛选和整合，以学科导航或者学科门户网站等方式揭示资源，建立区域性信息资源共享网络平台，实现馆际互借和文献传递，搭建起优质的公共信息服务体系，完善公共服务平台。其次，高校图书馆要与政府、企业合作建立多种服务平台，利用高校图书馆的资源优势，共建产学研联合体，获取企业的相关信息，力争成为行业性、区域性的科技信息中心，实施区域图书馆集群化发展策略，跨越国界与地域限制服务，从而形成开放式的服务体系。最后，高校图书馆应该积极整合社会资源，构建立体化的公共服务体系，通过寻求政府支持、引入互动机制、拓宽服务领域等途径，建立高校、政府、社会三者间良性互动的运行机制，保证公共服务体系的运行高效、有序。

第六节　高校图书馆社会化服务的发展趋势

随着科学技术的不断发展和社会文明程度的不断提高，高校图书馆社会化服务工作将会得到更多的关注、更多的支持和更大的发展。展望未来，新的高科技技术将会被更多地运用到此项工作中，越来越多的高校图书馆将会参与到服务社会的活动中，服务范围定会越来越广，服务方式将会更加丰富多彩，而高校图书馆社会化服务工作将会持续、规范、科学、深入地开展。

一、服务范围扩大化

我国高校图书馆社会化服务普及相对较好的当属体育和农业了。在农业社会化服务方面，王洋做过专门的问卷调查。根据调查统计结果可以得出，农业社会化服务包括农业技术指导、农业生产资料供应、农业信息的获取、农产品销售等农户们平时所需的一些服务项目。在农业生产资料供应服务中，个体经销公司的比重达到了 53.9%，是占比最高的，然后分别是政府及涉农事业单位、村集体、合作经济组织、农业院校和科研院所；在农业技术指导方面，政府及涉农事业单位、村集体、个体经销公司均发挥重要作用，合计比重达 43%；在农业信息提供方面，村集体及个体经销公司均扮演着重要角色；在收割、脱粒、采摘分级、包装、储运、加工、销售等方面，村集体和个体销售公司所提供的服务比重远远大于其他服务主体，其中个体经销公司服务比重更大一些；在农产品质量检测方面，政府及涉农事业单位、合作经济组织及个体经销公司是主力军，而村集体和农业院校科研院所发挥的作用不太明显。从整体而言，"自我服务"项目有着相对较高的比重，而形成这种比重最重要的因素是农户没有太大的经营规模，相对都比较小，一些必要的工作通过自己或者是自己的亲戚、朋友等就能够顺利完成，所以无须任何服务主体提供任何服务。但是，仅仅通过各个服务主体所提供的服务比例来看，政府及涉农事业单位、个体经销公司、村集体服务比重相对都比较高，而农业院校及科研院所、合作经济组织发挥的服务功能确实是非常有限的。这个结论也与农户对各服务主体的满意度评价结论相一致。农户对各服务主体服务的满意度评价由高到低依次是：政府及涉农事业单位、村集体、个体经销公司或企业、合作经济组织、农业院校和科研院所。

随着人们对体育活动功能的认识逐渐加深，普及体育运动成了不可逆转的社会潮流。人们在进行体育活动的时候需要一定的空间及运动设施。体育场馆是人们进行运动训练、运动竞赛及日常锻炼的专业性场所，同时也是人们心中最理想的锻炼场所。体育场馆的利用很大程度上是由它的合理配置决定的。现代社会生活对建设体育馆的要求是，在比赛要求得以满足的前提条件下，还要满足长时间经营的需求。然而，其经营效益的好与坏，是由体育场馆的应用效率，以及体育场馆与休闲娱乐和商业活动紧密结合的有效程度（提供体育赛事以外的其他综合性服务来吸引观众，进而将顾客在体育场馆内所停留的时间延长）等决定的。高校体育场馆对外社会化的程度高低，可以从社会化服务的对象处得到实践检验。

高校图书馆社会化服务今后的发展趋势也同体育场馆和设施一样，向大众化、普及化方向转变。最直接的是处于郊区和农村地域的高校图书馆，可能会有更多的机会面向社会用户提供服务。而处于中心城市的高校图书馆，无偿提供学习空间，有选择地向社会用户提供文献借阅、网上信息浏览、复印和打印、信息咨询服务，和社区联合建立流动图书馆等，是今后发展的趋势。

高校图书馆社会化服务普及化的另一个表现是参加此项工作的高校图书馆将会越来越多，服务的社会用户也会越来越广。随着服务意识的逐渐转变和服务手段的不断改进，面向社会服务的高校图书馆将会越来越多，而认识图书馆、利用图书馆的社会用户也会相应地增多。高校图书馆不仅会面向一般的、个体的社会用户进行服务，而且会更多地向政府部门、企业组织、科研机构及社会团体提供专项的咨询服务，还会向处于边远地区的弱势群体用户提供其所需要的知识信息服务。

二、服务方式灵活化

我国高校图书馆社会化服务工作还处于起步和逐渐发展阶段，所以在今后一段时间内，其服务方式不会是单一的，而是既有传统的手工服务形式，也有现代化的网络服务形式，如深层次的专题服务、咨询服务和学习共享空间等将会有很大的发展空间。

（一）传统的手工服务仍有很大空间

近年来，国家在积极实施"农家书屋"建设工程和"文化信息共享工程"等提升农村文献信息水平的文化工程，高校图书馆社会化服务还有很大的发展空间，传统的服务方式仍有很大的市场。从已有的服务方式来看，高校图书馆传统的社会化服务方式主要包括：向社会用户提供自修学习场所，为社会用户办理借阅证，吸引社会用户来图书馆阅览报刊、借阅图书，和社区联合为社会用户举办知识培训讲座，在社区举办文献信息及知识宣传，为乡村用户提供流动图书馆服务，等等。

（二）网络信息服务将大显身手

从高校图书馆的服务形式来看，网络信息服务所占比重已越来越大，并受到越来越多的用户的青睐。这不仅反映在高校图书馆电子信息资源所占比重越来越大，而且表现在其服务的手段越来越现代化、信息化、数字化。所以，网络信息服务方式将是今后高校图书馆社会化服务最重要的服务形式。其一，高校图书馆的主页服务。高校图书馆的主页反映本图书馆的基本情况、信息资源、服务项目，并有其他知识资源的介绍。社会用户可以通过浏览图书馆主页了解高校图书馆的基本状况。其二，高校图书馆的免费数据库和免费网络资源服务。国内高校图书馆拥有非常丰富的数字资源，有些是有知识产权的，有些是免费的，如西北民族大学图书馆自建的"甘肃特有民族研究资料数据库"、兰州大学图书馆自建的"敦煌研究数据库"等，除了本校师生外，校外用户也可随时使用。另外，高校图书馆还可将有特色的网上资源，按照用户的需求进行下载组织，提供给社会用户。其三，文献远程传递和网上信息咨询。高校图书馆可通过建立网上咨询平台和学科馆员的形式，以网上实时互动、邮件咨询等形式解答社会用户的问题，提供社会用户所需的文献信息。其四，为社会用户提供网络课程。高校图书馆可以根据大多数社会用户的需求，通过和网络课程机构协作或者自己整合，以 MOOC 的形式，定期为社会用户开通网络课程，不断提高他们的知识素质。

（三）深层次知识信息服务大显身手

深层次的知识信息服务，即从用户的实际状况和信息需求出发，结合用户的事业发展，面向用户，开展适合用户全面发展和提升自身文化素质的一系列知识信息服务。这种服务在国家全面加强技术创新、提升全民素质的大背景下尤为迫切和重要。对于深层次的知识信息服务，过去在科研院所图书馆和高校图书馆内已开展并取得了较好的成绩，而今后在条件许可的情况下，可逐渐运用到社会化服务中。深层次的知识信息服务形式很多，笔者选择比较适合社会用户的几种形式进行介绍。

1.数字化参考咨询服务

在现代网络环境和信息技术的支持下,高校图书馆除了保留必要的面对面的解答咨询外,大多借助网络开展数字化参考咨询服务,其主要形式有以下几种。

（1）在线参考咨询服务。这种服务是基于网络虚拟环境下,参考服务人员直接面对用户,对用户提出的一些问题及时做出回答的一种参考咨询方式。它保留了传统服务当中实时互动的特性,与此同时,将时间、地点和用户心理的限制也打破了。现在,实时交互参考咨询能够利用的形式包括网络呼叫中心、网络白板、网络会议、聊天室等。

（2）异步式参考咨询服务。这是一种以电子邮件为基础的数字参考咨询服务形式。通常情况下,图书馆会将专门"信箱"设置在网页上,如果有用户想要咨询一些问题,就通过邮件的方式将问题发送过去,然后,参考服务人员把解答的信息再通过邮件的形式发送给用户。这种方式是现在图书馆应用非常多的一种参考咨询的方式。

（3）专家式参考咨询服务。专家式参考咨询服务是指用户出现问题以后会将其委托给咨询专家,然后,专家根据用户所提的问题给予用户相对应的方案,或者提供其他知识产品的服务。这种参考咨询服务通常适合专业领域研究性的课题。

（4）合作式参考咨询服务。合作式参考咨询服务是指由多个图书情报机构联合形成的分布式虚拟参考服务网络,基于庞大的互联网资源及很多成员机构的馆藏资源,以全球网络作为桥梁,以所有机构的资深参考咨询员与各学科专家为强有力的后盾,然后通过数字参考系统,不管用户在什么时间和地点,提出怎样的问题,都能给用户提供参考服务。

2.个性化定制服务

此服务指的是依据用户的需求,制定一个聚合、分布了多元化信息资源、工具与服务的数字信息体系,并且基于此,将连续性和系列化的专业信息服务提供给用户。此模式在参考咨询等以帮助用户解决具体问题为基础的灵活服务中有所体现,同时,在系统与组织体制中也有所融入。

3.学科馆员式服务

此服务是依据学科专业领域进而组织资源与人力,为高校图书馆知识服务的一种模式。高校图书馆在各院系安排了具有专业背景的学科馆员负责一个或几个专业,通过定期或不定期地与用户联系,深入了解用户信息需求、信息行为及反馈意见，从而提出系统的专业信息资源建设意见，并及时反馈给图书馆管理部门。此服务起到调整、协调、反馈和动态跟踪的作用，同时提供相关专业领域的知识信息咨询服务。

4.学习共享空间

学习共享空间（Learning Commons，简称LC）源于信息共享空间（Information Commons，简称IC）的基本理念，是信息共享空间概念内涵的重要组成部分。依据目前的理论研究和实践探索结果，IC、LC在服务功能上并没有本质的区别，只是LC在研究和实践领域中更具侧重性，更倾向于普通用户的交流学习，并非以支持科研为目的的信息服务。换言之，LC除具有IC所有的特征和功能外，更加强调对协同式学习过程的全面支持。

建设高校图书馆学习共享空间与公共图书馆不一样，与专业科研院所的图书馆也不一样，其特有的服务对象和服务职能决定了其模式与特点。

（1）更加强调自主式学习。学习共享空间是具有概念性且具备包容性的词汇。通常情况下，信息共享空间所涵盖的观念都包含在内，其组织原则以学习为基础，不单单提供技术与信息，关键之处在于通过多种最有效的工作方式进一步促进学习。构建学习共享空间，需要在空间上给予相对舒适、宽松的场所，设备、家具要便捷、适用，资源上要多层次化、综合化且是多类型的，最好能体现"一条龙"的原则。与此同时，建设高校图书馆学习共享空间，要基于以图书馆为中心，把图书馆外部的活动和功能引进来，并将这些功能与活动扩展到之前的空间，如教学和电子学习中心及全体教员发展中心，把图书馆融入课程管理系统，可随意调整和定制的协作工作空间。

（2）更加注重协作化服务。学习共享空间是以信息共享空间为基础进而发展出来的，因此也强调协作建构式学习，对群体学习、团队学习、协作知识创新给予一定的支持。实行学习共享空间与"共享"理念，就是将一个技术且实体的集成社区提供给了研究者、学习者、信息专业人员，对多种教育和研究课程与活动给予了一定的支持。学习者和研究者找到一个由共享空间中无缝隙的资源与服务集成的统一体，获得可以独立、自我充分思考、研究的机会，激发出创造力。高校图书馆学习共享空间更加注重协作化服务，除了设备、馆舍、资源以外，还提供技术支持、写作培训、职业设计、课题辅导等，并同学校教务处、学生处、研究生处、科研处、网络中心等紧密协作，才能达到建立学习共享空间的预期效果。这种全方位的、协作式的知识信息服务，是当下比较流行而又更适合信息用户的知识服务形式。高校图书馆可通过一定协议或限定一定条件，向社会用户提供此类服务。

（四）个性化服务逐渐普及

美国图书馆协会（American Library Association，简称 ALA）下属的图书馆和信息技术领域专家小组（Library and Information Technology Association，简称 LITA）于 1999 年 1 月对图书馆技术的发展做出的预测中指出，图书馆技术发展的七大趋势是：定制与个性化；网络资源评价；人文因素；技术；家庭学者；认证和权限管理；淹没技术。MyLibrary 的不断涌现印证了该专家小组所做的预测。据调查，目前，美国大多数大学图书馆建有自己的 MyLibrary。个性化服务是相对于图书馆普遍的群体服务而言的，是传统图书馆定题服务、重点读者服务在网络环境下的深化，是基于对信息用户信息使用的习惯、偏好、特点及研究课题和研究方向等，向用户提供满足其独特需求的一种针对性服务，是图书馆等信息服务业向纵深发展的方向和重要内容。个性化服务目前采用的主要方式有以下几种。

1.定制

定制信息服务是大规模定制运用在信息服务中的体现。它运用先进信息技术，通过用户定制获取用户个人信息，了解和推测用户的需求，从而为用户提供更为到位的信息服务，提高用户的满意度，同时，通过与用户的直接或间接沟通，改善与用户的关系，增加用户的忠诚度。在个性化定制信息服务中，用户可以根据自己的兴趣和需要选择（定制）信息。定制的内容非常丰富，包括资源、界面和服务三大类。其中，定制的资源是指用户感兴趣的资源类型。例如针对数字图书馆的信息，人们可以选择常用的数据库、电子期刊相关网站搜索引擎、专业词表等参考信息源。定制的界面包括界面颜色图标、布局等。定制服务可以选择自己需要的服务，如将自己比较困惑的问题和解决方案汇集在一起生成 FAQ 服务，包括设定电子邮件提醒服务，以便系统自动将感兴趣的信息发送到自己的 E-mail 信箱中；在个性化页面中选定本专业的咨询专家，以便随时获得专家帮助。

2.代理

信息代理是指图书馆等信息部门充分发挥其在信息收集、整理、分析，以及人员、设备等方面的优势，为用户代理各项信息事务。智能代理技术是一种能够完成委托任务的智能计算机系统，能模仿人的行为执行一定的任务，不需要或很少需要用户的干预和指导。智能代理通过跟踪用户在信息空间中的活动，自动捕捉用户的兴趣爱好，主动搜索可能引起用户兴趣的信息并提供给用户。智能代理的主要功能有：个性化的信息管理代理库，管理用户个人资料；信息自动通知；通过分析用户的兴趣，提供建议性的页面和链接；智能搜索，进行信息过滤，为用户提供更准确的信息；动态个性化页面，给用户提供一个适宜的、友好的浏览界面。

3. MyLibrary

基于个性化信息服务的 MyLibrary 已引起国内外图书馆界的广泛注意。MyLibrary 系统由美国康奈尔大学图书馆开发并于 1999 年投入使用。该系统目前由两部分组成：Mylinks 和 MyUpdates。这两个产品遵循共同的开发方法和核心技术，用 Java 动态创建 HTML，运用 Oracle 数据库技术存储大量的用户信息。用户通过 ID 和口令认证才能登录自己的 MyLibrary，根据需要可以进入Mylinks 或 MyUpdates 的界面。

Mylinks 是为用户个人组织数字化资源的工具。用户可利用它收集、组织和维护图书馆提供的数字信息资源，以及 Web 的各种资源链接，将个人所需的信息组织在自己的 Mylinks 中。MyUpdates 是将图书馆新到资源及时通报给用户的工具。MyLibrary 还允许个人创建一种列有可获得信息资源的网页，如页面可包括系统的信息、馆员的联络方式、用户的个人图书馆馆员、校内资源、学科专业网络资源、外文数据库、电子期刊、搜索引擎等内容的直接链接。

三、多种现代化服务手段的应用

高校图书馆社会化服务发展趋势的又一特点就是高新技术的普遍利用，催生出越来越先进的服务手段。

（一）免费的无线网络

无线网络（wireless network）是采用无线通信技术实现的网络。无线网络既包括允许用户建立远距离无线连接的全球语音和数据网络，也包括为近距离无线连接进行优化的红外线技术及射频技术。无线网络与有线网络的用途十分类似，最大的不同在于传输媒介的不同，利用无线电技术取代网线，可以和有线网络互为备份。许多高校图书馆早已实现了馆内无线网络全覆盖或者校内无线网络全覆盖。校外读者进入馆内（或校内）就可以直接登录无线网络，免费上网，使用网络信息资源。

无线网络的覆盖面积远远超过了有线网络信息传输的覆盖面，使得高校图书馆信息共享服务突破了传统的地域限制。无线网络使得高校图书馆信息服务的触角可以延伸到过去因为技术限制而无法达到的地理区域,尤其是实体图书馆、有线互联网无法普及的偏远地区。这对于弥补信息鸿沟、实现信息公平有非常重大的现实意义。

(二)电子阅读器

电子阅读器是一种采用 LCD、电子纸为显示屏幕的新式数字阅读器,可以阅读网络上绝大部分格式的电子书,如 PDF、CHM、TXT 等。不过现在的电子书阅读器越来越多采用的是电子纸技术,即特指使用 E-Ink 微胶囊显示技术,提供类似纸张阅读感受的电子阅读产品。屏幕的大小决定了可以单屏显示字数的多少。而应用于电子书阅读器屏幕的技术有电子纸技术、LCD 等显示技术。例如,西北民族大学图书馆 2012 年就购买了 10 台电子阅报器,订阅了 100 余种电子报纸安放到阅报器中,使得报纸实现实时更新,让读者(包括校外读者)可以通过地区、主题、报纸名称等进行检索查阅。

(三)移动图书馆

移动图书馆又被称为手机图书馆,是用户以智能手机、iPad、PDA(Personal Digital Assistant,掌上电脑)等移动终端设备为载体,通过无线接入的方式访问图书馆资源、阅读电子书、查询书目和接收图书馆服务信息的一种新型服务方式。现今,国内外的公共图书馆和高校图书馆都将自己的移动图书馆服务推了出来。我国从 2003 年开始推行移动图书馆,目前发展情况较好。目前,移动图书馆应用主要包括面向移动用户的 wap 网站,以及 OPAC 查询、移动馆藏、短信提醒服务、短信参考咨询服务、移动音视频等内容。

大体上,我国高校图书馆联盟分为传统高校图书馆、数字图书馆及移动图书馆的联盟。不同于国外高校图书馆联盟,我国数字图书馆联盟不是真正意义上共享风险且共担利益的联合体:对于联盟交付的任务,许多成员馆都独自完成不了;成员馆之间在权利和义务上也未进行清晰的划分,使得责任不明确;有效的监督机制不足,无法评估和反馈成员馆执行联盟任务、完成项目的情况;最关键的是欠缺利益均衡机制,使得信息资源基础好、技术先进、投入多、产出多的成员馆无法获得相应的报酬,使得这部分成员馆建设数字图书馆的积极性被严重挫伤。

对于建设和利用移动图书馆时遇到不容易解决的问题,高校图书馆迫切需要通过逐步探索选择、完善一种有效的组织形式与发展策略,来协调、解决信息资源共享过程中所涉及的一系列影响因素，从而保证高校信息资源共享工作的可持续发展。这种全新的组织形式就是移动图书馆联盟。移动图书馆联盟是全新的概念和组织形式，一种完全不同于以往图书馆联盟与数字图书馆联盟的定义。高校移动图书馆联盟是高校图书馆为了实现读者在任何时间、地点都能无限制地获取信息资源的目标，以无线网络技术为知识资源推送手段，以合作方成员自有资源与网络资源为知识仓库，以实现资源共享、互惠、互利为目的的，与移动运营商、数据库开发商、网络信息技术公司等网络运营商、服务商、开发商以商业化运作的形式组织起来的、受共同认可的协议和合同制约的联合体。

移动图书馆联盟与之前一般意义的图书馆联盟和数字图书馆联盟不一样，它们之间有很大的区别。回顾之前的图书馆联盟及数字图书馆联盟，基本上都是以某一个图书馆为中心馆，同时，在其中起到主导地位，集中采购和编目、联机参考咨询，主导着联盟的发现方向，以实现资源共享、互惠、互利为目标而组织起来的，不以营利为目的。移动图书馆业务开展的基础条件是移动图书馆平台的开发与构建。无论是移动服务平台的支撑，还是在数字图书馆系统中移动应用的开发，目前国内外图书馆都是采取与移动运营商、数据库开发商、网络信息技术公司相互合作的形式。以上成员在移动图书馆联盟建设中扮演着至关重要的角色，而这三方是以营利为目的与图书馆组成的合作体。

（四）校外访问

校外访问是便于居住在校园网之外的学生和教师访问图书馆电子信息资源的一种方式。比如，上海交通大学图书馆规定，校内师生如果身在校园网外，可以通过以下方式访问图书馆的电子资源。

（1）代理服务。为了便于通过电信等公共信息网络上网的该校师生访问那些只允许在校园网内才能访问的资源（如图书馆的某些数据库、OA办公系统等），网络中心目前已开通内部访问代理服务。只要是申请了校园网统一账号（JAccount）并开通了电子邮件服务的本校师生，都可以通过输入自己的账号和口令使用网络中心提供的内部代理功能。

（2）VPN服务。此服务已正式开通，目前仅对教职工开放。需使用VPN服务的教职工可到网络中心申请开通。高校图书馆可以在知识产权允许的基础上，仿照本校校外师生使用电子资源的形式，为社会用户提供数字资源服务。

（五）网上信息咨询平台

网上咨询是进入21世纪后公共图书馆、高校图书馆和科学图书馆普遍运用的一种服务方式，主要是通过建立网上咨询平台，和读者实时互通信息，了解读者的信息需求状况，解答读者的问题。网上咨询平台有单个图书馆的，也有联盟性质的。高校图书馆网上咨询对象主要是本校师生，也对社会用户提供咨询服务。比如，北京大学图书馆在主页设有咨询台，包括实时问答、电话咨询、邮件咨询、BBS 等形式；上海交通大学图书馆在主页上建有图书馆 BBS 和留言板，用来解答读者问题。网上信息咨询平台比较有影响的是"全国图书馆参考咨询联盟"。它是在全国文化信息资源共享工程国家中心的指导下，由我国公共、教育、科技系统图书馆合作建立的公益性服务机构，其宗旨是以数字图书馆馆藏资源为基础，以因特网的丰富信息资源和各种信息搜寻技术为依托，为社会提供免费的网上参考咨询和文献远程传递服务。

全国图书馆参考咨询联盟实行资源共享和免费服务政策，对读者提出的问题，将会努力做到有问必答。读者可在本网络得到全国图书馆提供的网上参考咨询和文献远程传递服务。读者在使用获取到的信息时，须严格按照我国法律法规和知识产权保护等相关规定。

（六）自助借还技术

FRID 是无线射频识别技术的简称，它通过非接触和非线性可见的方式传送标识物质，进而对物体进行身份识别。FRID 具有良好的防伪性能，保密性好，操作快捷方便。图书借还自动化系统是基于 FRID 技术的图书馆智能管理系统的一个子系统。图书馆智能管理指的是利用先进的 FRID 技术，将门禁、借书卡、图书标签、标签转换系统、自助借还书机、馆员工作站等系统融合在一起，对图书馆进行更为有效的一种管理模式。图书自助借还系统是一种可对粘贴有 RFID 标签的流通资料进行扫描、识别，并可进行相应借还处理的设备系统，让读者可自助进行流通文献的借还操作，方便读者和馆员对流通文献进行借还处理，可以通过 SIP2 协议或 NCIP 协议与应用系统对接，快速、准确地完成借阅，是图书馆智能管理系统中的一个子系统。

四、政策体系的不断完善

高校图书馆社会化服务的正常开展，必须依赖健全的法律和政策体系。今后，随着社会文明程度的不断提高和各项法律体系的不断健全，有关图书馆或高校图书馆建设及服务方面的政策和法规也将会不断完善。

（一）《中华人民共和国公共图书馆法（征求意见稿）》

我国公共图书馆法的立法工作从 2008 年 11 月开始启动，整合了全国各方面的资源，以立法研讨会层层审核、征求意见等方式对这部法律进行各方面的审查与修改。《中华人民共和国公共图书馆法（征求意见稿）》于 2015 年 12 月 9 日由国务院法制办发布。该法的出台并面向公众接受社会各界的建议与意见，是我国在公共图书馆立法方面的一大突破和进展。《中华人民共和国公共图书馆法（征求意见稿）》关注了我国公共图书馆建设与管理中的各个方面的问题。社会各界对该法的关注程度很高，希望通过该法提出完善的建议而促使公共图书馆法在正式颁布和实施时能发挥其应有的作用。

《中华人民共和国公共图书馆法（征求意见稿）》主要把握了以下几点内容，一是坚持政府主导、各方参与，明确政府是发展公共图书馆事业的主体，同时鼓励公民、法人或者其他组织，以及高等学校图书馆、科研机构图书馆等各方力量积极参与公共图书馆事业。二是坚持公共图书馆服务标准化、均等化，推动建立覆盖城乡、便捷、实用的公共图书馆网络，明确公共图书馆应当具备的基本条件和运行管理的基本要求。三是坚持以人为本、服务读者，规定公共图书馆基本服务免费，推动公共图书馆丰富服务内容、提高服务水平、满足人民群众的精神文化需求。该法共六章四十二条，其中，第一章第六条规定：高等学校图书馆、科研机构图书馆以及政府设立的其他类型图书馆向公众开放的，国家给予必要的经费支持。该法的出台对高校图书馆社会化服务工作有了一定的促进。

（二）《普通高等学校图书馆规程》（2015 年修订）

本规程是在借鉴前两个版本内容的基础上，通过多次向同行征求意见并请业内专家进行论证后形成的。本规程以教育部教高〔2015〕14 号文件的形式下发，其内容紧密结合当下高新技术的迅猛发展及其应用，适应众多用户多样化的文献信息需求，详细地规定了新形势下高校图书馆的职能、任务、人员、服务、设施等重要内容。其中，第三十七条规定：图书馆应在保证校内服务和正常工作秩序的前提下，发挥资源和专业服务的优势，开展面向社会用户的服务。这里去掉了 2012 年版的"有条件的图书馆"，把高校图书馆社会化服务的职能更加明确化，基本公共文化服务均等化。

2014 年 3 月 5 日，十二届全国人大二次会议在北京召开。李克强总理在政府工作报告中强调，促进基本公共文化服务标准化、均等化，倡导全民阅读。李克强表示，文化是民族的血脉；要培育和践行社会主义核心价值观，加强公民道德和精神文明建设；继续深化文化体制改革，完善文化经济政策，增强文化整体实力和竞争力。李克强指出，促进基本公共文化服务标准化、均等化，发展文化艺术、新闻出版、广播电影电视、档案等事业，繁荣发展哲学社会科学，倡导全民阅读。

2015 年 1 月 14 日，中共中央办公厅、国务院办公厅印发《关于加快构建现代公共文化服务体系的意见》，对加快构建现代公共文化服务体系，推进基本公共文化服务标准化、均等化，保障人民群众基本文化权益做了全面部署。

（三）关于修改《中华人民共和国高等教育法》的决定

2015 年 12 月 27 日，第十二届全国人民代表大会常务委员会第十八次会议通过了对 1998 年 8 月 29 日第九届全国人民代表大会常务委员会第四次会议通过的《中华人民共和国高等教育法》的修改意见。修改后的高等教育法共八章六十九条，主要修改内容如下。

（1）将第四条修改为："高等教育必须贯彻国家的教育方针，为社会主义现代化建设服务、为人民服务，与生产劳动和社会实践相结合，使受教育者成为德、智、体、美等方面全面发展的社会主义建设者和接班人。"

（2）将第五条修改为："高等教育的任务是培养具有社会责任感、创新精神和实践能力的高级专门人才，发展科学技术文化，促进社会主义现代化建设。"

（3）将第二十四条修改为："设立高等学校，应当符合国家高等教育发展规划，符合国家利益和社会公共利益。"

（4）将第二十九条修改为："设立实施本科及以上教育的高等学校，由国务院教育行政部门审批；设立实施专科教育的高等学校，由省、自治区、直辖市人民政府审批，报国务院教育行政部门备案；设立其他高等教育机构，由省、自治区、直辖市人民政府教育行政部门审批。审批设立高等学校和其他高等教育机构应当遵守国家有关规定。""审批设立高等学校，应当委托由专家组成的评议机构评议。""高等学校和其他高等教育机构分立、合并、终止，变更名称、类别和其他重要事项，由本条第一款规定的审批机关审批；修改章程，应当根据管理权限，报国务院教育行政部门或者省、自治区、直辖市人民政府教育行政部门核准。"

（5）将第四十二条修改为："高等学校设立学术委员会，履行下列职责：一、审议学科建设、专业设置，教学、科学研究计划方案；二、评定教学、科学研究成果；三、调查、处理学术纠纷；四、调查、认定学术不端行为；五、按照章程审议，决定有关学术发展、学术评价、学术规范的其他事项。"

（6）将第四十四条修改为："高等学校应当建立本学校办学水平、教育质量的评价制度，及时公开相关信息，接受社会监督。""教育行政部门负责组织专家或者委托第三方专业机构对高等学校的办学水平、效益和教育质量进行评估。评估结果应当向社会公开。"

（7）将第六十条第一款修改为："高等教育实行以举办者投入为主、受教育者合理分担培养成本、高等学校多种渠道筹措经费的机制。"将第二款中的"教育法第五十五条"修改为"教育法第五十六条"。

涉及高校图书馆或高等学校社会化服务的内容主要有：国家鼓励企业事业组织、社会团体及其他社会组织和公民等社会力量依法举办高等学校，参与和支持高等教育事业的改革和发展；国家支持采用广播、电视、函授及其他远程教育方式实施高等教育；高等学校应当以培养人才为中心，开展教学、科学研究和社会服务，保证教育教学质量达到国家规定的标准；高等学校根据自身条件，自主开展科学研究、技术开发和社会服务；国家鼓励企业事业组织、社会团体及其他社会组织和个人向高等教育投入。

从高等教育法的修改情况来看，高等学校开展社会化服务的规定没有明显的改观，只是引导性地强调：高等学校应当以培养人才为中心，开展教学、科学研究和社会服务。高等学校根据自身条件，自主开展科学研究、技术开发和社会服务。而关于高校图书馆开展社会化服务的内容更是难以找到，这方面职能需依赖于《普通高等学校图书馆规程》。

（四）《国家创新驱动发展战略纲要》

2016年5月19日，中共中央、国务院印发了《国家创新驱动发展战略纲要》（以下简称《纲要》），并发出通知，要求各地区各部门结合实际认真贯彻执行。这是国家落实创新驱动发展战略的总体方案和路线图，同时也让人们对未来全面创新的中国有了诸多期待。创新驱动就是创新成为引领发展的第一动力，科技创新与制度创新、管理创新、商业模式创新、业态创新和文化创新相结合，推动发展方式向依靠持续的知识积累、技术进步和劳动力素质提升转变，促进经济向形态更高级、分工更精细、结构更合理的阶段演进。

经过多年努力，科技发展正在进入由量的增长向质的提升的跃升期，科研体系日益完备，人才队伍不断壮大，科学、技术、工程、产业的自主创新能力快速提升。经济转型升级、民生持续改善和国防现代化建设对创新提出了巨大的需求。庞大的市场规模、完备的产业体系、多样化的消费需求与互联网时代创新效率的提升相结合，为创新提供了广阔空间。中国特色社会主义制度能够有效结合集中力量办大事和市场配置资源的优势，为实现创新驱动发展提供了根本保障。

《纲要》从战略背景、战略要求、战略部署、战略任务、战略保障、组织实施六个方面对我国今后一个时期创新驱动发展战略进行了全面论述，提出紧紧围绕经济竞争力提升的核心关键、社会发展的紧迫需求、国家安全的重大挑战，采取差异化策略和非对称路径，强化重点领域和关键环节的任务部署。

《纲要》尽管没有专门提到高校图书馆社会化服务方面的内容，但在信息技术、公共服务、高校科研等方面间接地有了论述，主要有：发展新一代信息网络技术，增强经济社会发展的信息化基础；发展智慧城市和数字社会技术，推动以人为本的新型城镇化；以新一代信息和网络技术为支撑，积极发展现代服务业技术基础设施；建设超算中心和云计算平台等数字化基础设施，形成基于大数据的先进信息网络支撑体系；增强原始创新能力和服务经济社会发展能力，推动一批高水平大学和学科进入世界一流行列或前列；科研院所和高校建立专业化技术转移机构和职业化技术转移人才队伍，畅通技术转移通道；依托移动互联网、大数据、云计算等现代信息技术，发展新型创业服务模式，建立一批低成本、便利化、开放式众创空间和虚拟创新社区，建设多种形式的孵化机构，构建"孵化 + 创投"的创业模式，为创业者提供工作空间、网络空间、社交空间、共享空间，降低大众参与创新创业的成本和门槛。

（五）《中华人民共和国公共图书馆法》

2018 年 1 月 1 日起，《中华人民共和国公共图书馆法》正式实施。图书馆法及其相关立法工作已经走过了 18 个年头。《中华人民共和国公共图书馆法》是新时代背景下我国在图书馆领域颁布的第一部专门法，体现了公共图书馆法的时代精神，是中国文化立法的一座丰碑，有利于促进公共图书馆事业蓬勃发展，具有长远意义。

1.有利于健全我国文化法律体系

随着中国特色社会主义法律体系的完善，文化立法开始成为法治建设的重要组成部分。然而，我国有关于文化方面的法律规范相对较少，与金融、社会等领域的立法形成较大偏差。这与我国全面推动文化大发展、大繁荣的理念不符。因此，推进文化立法是建设中国特色社会主义法治国家的必由之路。在宪法的统领下，《中华人民共和国公共图书馆法》作为专门法，承接了《中华人民共和国公共文化服务保障法》作为文化领域一般法的要求，确立了公共图书馆的基本原则与目标，建构了公共图书馆制度体系，使我国文化法律体系日臻健全。

2.有益于公共图书馆事业的繁荣发展

随着中国特色社会主义进入新时代，我国公共图书馆事业发生了很大的变化。然而，由于地区发展的不均衡性及差异性，公共图书馆发展也呈现出了地区差异性。公共图书馆的发展在东西部之间、城乡之间都表现出明显的不同，差距较大，而这种差异性妨碍了公共图书馆事业向全面性及稳定性方向进步。我国公共图书馆事业随着中国特色社会主义的发展发生了翻天覆地的变化，即公共图书馆事业从单一化、片面化、差异化、失衡化向完整化、平衡化、一致化发展。《公共图书馆法》的实施将有利于促进我国图书馆事业向前稳步发展。《中华人民共和国公共图书馆法》的第十三条规定，以及国家建立覆盖城乡、实用便利的公共图书馆服务网络的规定，对我国公共图书馆事业大繁荣大发展有重要的激励促进作用。

3.健全政府关于公共图书馆的职责

国家为保障公众文化权利得以实现，要加强职责建设，需要履行非常多的职责。这些职责与公众参与文化生活密切相关，其中，"政府为促进公众普遍参与文化活动而建立基础设施"是重要的一项职责。公共图书馆的设置主体是政府，承担着公共图书馆事业发展的主要任务。为了保障公众文化权利的实现，政府要履行完善基础设施的义务，从而使公众更好地参与文化活动。为了保障公共图书馆健康、可持续地发展，政府要为图书馆的发展提供基础设施建设等资源保障。《中华人民共和国公共图书馆法》第四条、第十四条主要规定了发展公共图书馆的主体、发展规划、经费保障等，为公共图书馆事业发展提供了根本保障。

4.保障了公民基本文化权利

公共图书馆事业的发展是公民基本文化权利得以实现、公众能够参与文化生活的保障。《中华人民共和国公共图书馆法》第十三条、第三十一条、第三十九条规定措施，极大程度地解决了公共图书馆事业发展不平衡、不充分的问题，为每位公民有机会便利地享受公共图书馆服务提供了保障，增强了人民群众的文化获得感。公共图书馆事业的发展，有利于人民群众文化权利的实现，有利于保障人民群众参与到文化生活中。

随着我国科技水平的提高与国民素质的提升，更多的民众会成为高校图书馆的忠实读者，同时，更多的高校图书馆会采用各种方式，面向社会提供更便捷、广泛和精深的知识信息服务，而我国高校图书馆的社会化服务也将步入一个新的台阶。

参考文献

[1] 龙斌. 高校图书馆社会化服务研究 [M]. 长春：吉林出版集团股份有限公司，2019.

[2] 刘蕾，廉立军，关朝明. 高校图书馆社会化服务研究 [M]. 北京：现代出版社，2017.

[3] 郑志军，高建新，吴卫华. 高校图书馆社会化服务策略研究 [M]. 长春：吉林人民出版社，2016.

[4] 刘超，等. 高校图书馆学科化服务与社会化服务研究 [M]. 北京：现代教育出版社，2015.

[5] 郑幸子. 高校图书馆管理与服务创新 [M]. 长春：吉林大学出版社，2018.

[6] 谢薛芬. 浅谈高校图书馆工作 [M]. 杭州：浙江工商大学出版社，2018.

[7] 陈珊珊. 高校图书馆创新服务实践与指导研究 [M]. 成都：电子科技大学出版社，2018.

[8] 李曙英. 高校图书馆社会化服务问题探析 [J]. 绥化学院学报，2020, 40(8): 141–142.

[9] 唐晓琴. 浅析高校图书馆社会化服务模式 [J]. 参花（上），2020(4): 133.

[10] 林秀燕. 高校图书馆社会化服务的探索与思考 [J]. 福建教育学院学报，2020, 21(1): 113–115.

[11] 冯莹雪，赵晶晶. 河北高校图书馆社会化服务研究 [J]. 内蒙古科技与经济，2020(6): 133–135.

[12] 黄艾琳. 浅谈高校图书馆社会化服务 [J]. 才智，2020(7): 235.

[13] 刘丹彤. 高校图书馆社会化服务探索研究 [J]. 经济管理文摘，2020(8): 183–184.

[14] 王树霞. 我国高校图书馆社会化服务初探 [J]. 内蒙古科技与经济，2020(17): 145, 148.

[15] 陈军，范明智，张强. 高校图书馆社会化服务问题的探讨 [J]. 中文科技期刊数据库图书情报（全文版），2020(9): 1–4.

[16] 杨海军. 高校图书馆社会化服务的需求与优势 [J]. 办公室业务，2020(22): 55–56.

[17] 熊玉娟. 高校图书馆社会化服务趋向探视 [J]. 卷宗，2020, 10(16): 117.

[18] 胡昕. 高校图书馆社会化服务探讨 [J]. 江苏科技信息，2020, 37(29): 18–21.

[19] 王园春，孙莹厚，郑凤萍，等. 高校图书馆社会化服务及策略探析 [J]. 河北水利电力学院学报，2019(3): 66–69.

[20] 都金萍 . 高校图书馆社会化服务趋向探视 [J]. 现代营销 (下旬刊), 2019(3): 88.

[21] 孟复 . 高校图书馆社会化服务刍议 [J]. 边疆经济与文化 , 2019(5): 110–111.

[22] 孙良红 . 高校图书馆社会化服务策略探究 [J]. 教育教学论坛 , 2019(45): 13–14.

[23] 邵郭华 . 高校图书馆社会化服务模式研究 [J]. 上海高校图书情报工作研究 , 2019, 29(3): 51–56.

[24] 宋志炯 . 高校图书馆社会化服务模式探析 [J]. 现代商贸工业 , 2019(25): 61–62.

[25] 刘晓莉 . 谈高校图书馆社会化服务模式 [J]. 才智 , 2019(15): 52.

[26] 茹艺 . 高校图书馆社会化服务模式探索 [J]. 科技风 , 2019(3): 88.

[27] 郭文静 . 高校图书馆社会化服务路径探讨 [J]. 科技创新导报 , 2019, 16(2): 254–256.

[28] 卢晋贤 . 高校图书馆社会化服务研究 [J]. 中国科技博览 , 2019(3): 63.

[29] 张素慧 . 高校图书馆社会化服务研究 [J]. 锦绣 (下旬刊), 2019(5): 97.

[30] 范宏娣 . 浅谈高校图书馆社会化服务 [J]. 才智 , 2018(4): 232–233.

[31] 蒋茜 . 高校图书馆社会化服务研究 [J]. 科教文汇 (上旬刊), 2018(11): 141–143.

[32] 王玲 . 高校图书馆社会化服务模式探析 [J]. 文献信息论坛 , 2018(3): 30–33.

[33] 王玲 . 高校图书馆社会化服务模式探析 [J]. 漳州职业技术学院学报 , 2018, 20(3): 31–34.

[34] 杨乐 . 试论高校图书馆的社会化服务功能 [J]. 卷宗 , 2018, 8(33): 29.

[35] 雷灵鸽 . 民办高校图书馆的社会化服务思考 [J]. 科技资讯 , 2018, 16(30): 215–216.

[36] 曹文振 . 高校图书馆社会化服务的困境与突围 [J]. 图书馆杂志 , 2018, 37(9): 51–57, 85.

[37] 金哈斯 . 关于高校图书馆社会化服务的思考 [J]. 传播力研究 , 2018(11): 256.

[38] 李金杰 . 浅论高校图书馆社会化服务模式 [J]. 文化创新比较研究 , 2018, 2(34): 144, 157.

[39] 孟亚梅 . 高校图书馆社会化服务探讨 [J]. 记者观察 , 2018(26): 93.

[40] 戎建梅 . 关于高校图书馆社会化服务的思考 [J]. 文存阅刊 , 2018(A2): 8.

[41] 陈春香 , 陈领弟 . 高校图书馆社会化服务探讨 [J]. 湖北函授大学学报 , 2018, 31(5): 22–23, 26.

[42] 李秋彤 . 高校图书馆社会化服务研究 [J]. 内蒙古科技与经济 , 2018(5): 101–102.

[43] 游凤霞 . 高校图书馆社会化服务的拓展研究 [J]. 科技风 , 2018(19): 226–227.

[44] 李洪伟 . 关于高校图书馆社会化服务的思考 [J]. 黑龙江教育 (理论与实践), 2018, (C2): 114–115.

[45] 李颖 . 高校图书馆社会化服务现状及发展趋势 [J]. 内蒙古科技与经济 , 2020(8): 133, 136.

[46] 王俊华.互联网＋环境下高校图书馆社会化服务机制创新[J].卷宗,2020,10(5):142-143.

[47] 黄华彪,王毅超.高校图书馆社会化服务的困难与障碍研究[J].科教文汇,2020(22):33-34.

[48] 赵春阳.高校图书馆社会化服务面临的困境及对策分析[J].传媒论坛,2020,3(16):111-112.

[49] 杨志荣.保定市高校图书馆社会化服务创新模式研究[J].国际公关,2020(12):258-259.

[50] 周玲元,刘志鹏.南昌市高校图书馆社会化服务困境及对策研究[J].图书馆学研究,2020(7):60-67.

[51] 陈珍容.闽台两岸高校图书馆社会化服务比较研究[J].情报探索,2020(7):102-107.

[52] 王晓军,刘景亮,石霄岩,等.高校图书馆社会化服务实践模式研究[J].图书情报,2020(7):210-212.

[53] 高丽琼.新形势下高校图书馆社会化服务模式探索[J].福建质量管理,2020(4):265.

[54] 范明智,金春梅,刘丹丹.浅析日本高校图书馆社会化服务模式及启示[J].图书情报,2020(6):190-192.

[55] 黄华彪,王毅超.高校图书馆社会化服务的困难与障碍研究[J].科教文汇(上旬刊),2020(8):33-34.

[56] 彭薇.高校图书馆社会化服务的案例分析与启示[J].中国中医药图书情报杂志,2020,44(3):41-45.

[57] 周荻.高校图书馆社会化服务的顶层设计与范式构建[J].图书馆学刊,2020(11):31-35.

[58] 汤宪振.中外高校图书馆社会化服务比较研究及启示[J].图书馆学刊,2020,42(8):107-111.

[59] 张冬梅.高校图书馆社会化服务的理性审视[J].河北科技图苑,2020,33(4):22-25.

[60] 杜宗棠,杨志荣.保定市高校图书馆社会化服务的现状与价值研究[J].大众标准化,2020(17):183-184.

[61] 张若清.高校图书馆社会化服务初探[J].卷宗,2017(32):79.

[62] 张卫华.高校图书馆社会化服务研究[J].创新科技,2017(4):63.

[63] 王磊.高校图书馆社会化服务模式研究[J].科研,2017(5):281.

[64] 王丹丹.高校图书馆社会化服务研究[J].黑龙江科技信息,2017(17):285.

[65] 李晨. 高校图书馆社会化服务探析 [J]. 东方教育，2017(4): 17.

[66] 施寿林. 高校图书馆社会化服务模式研究 [J]. 办公室业务，2017(23): 180.

[67] 吴红梅. 高校图书馆社会化服务的困境与对策 [J]. 黄冈职业技术学院学报，2017, 19(3): 71–74.

[68] 曲红，于向前，王本欣. 高校图书馆社会化服务模式研究 [J]. 农业图书情报学刊，2017, 29(12): 189–192.

[69] 陈业佳. 关于高校图书馆社会化服务的研究 [J]. 才智，2017(6): 187.

[70] 何文华. 高校图书馆社会化服务的价值内涵 [J]. 长江丛刊，2017(29): 241.

[71] 郭斐. 探析高校图书馆社会化服务的困境 [J]. 山西青年，2017(24): 152.

[72] 朱玉秋. 未来高校图书馆的社会化服务 [J]. 知识文库，2017(12): 1–2.

[73] 王晓军，王春颖. 高校图书馆社会化服务实践现状研究 [J]. 赤子，2019(17): 137.

[74] 胡洁. 民办高校图书馆社会化服务实践研究 [J]. 图书情报，2019(6): 148–149.

[75] 李一，杨晰媛. 高校图书馆社会化服务问题及策略研究 [J]. 智库时代，2019(8): 295–296.

[76] 周向华. 基于互联网思维的高校图书馆社会化服务研究 [J]. 宿州教育学院学报，2019, 22(6): 71–74.

[77] 张传玉. 高校图书馆的社会化服务现状与优化分析 [J]. 智库时代，2019(9): 68–69.

[78] 蔡鹏伟. 美日高校图书馆社会化服务研究及启示 [J]. 图书情报，2019(6): 154–156.

[79] 刘玲. 基于社交媒体的西北高校图书馆社会化服务探讨 [J]. 甘肃高师学报，2019, 24(4): 82–84.

[80] 杜君. 互联网环境下高校图书馆社会化服务的突破分析 [J]. 办公室业务，2019(13): 133–134.

[81] 张凌超. 吉林省高校图书馆社会化服务调查研究 [J]. 图书馆学研究，2019(20): 65–71.

[82] 赵雪岩. 智库服务——高校图书馆社会化服务的最佳切入点 [J]. 才智，2019(11): 205.

[83] 申彦舒. 基于 SoLoMo 理念的高校图书馆社会化服务研究 [J]. 湖南人文科技学院学报，2019, 36(6): 70–73.

[84] 王云洪，周洪力. 地方高校图书馆社会化服务动力因素探析 [J]. 重庆电子工程职业学院学报，2019, 28(4): 75–77.

[85] 张秋慧. 高校图书馆社会化服务研究——评《高校图书馆社会化服务概论》[J]. 图书馆工作与研究，2017(8): 111–113.

[86] 罗文革，刘会敏，徐斌. 高校图书馆社会化服务的优势与忧思 [J]. 邯郸职业技术学院学报，2016, 29(2): 89–92.

[87] 谢玉琢，李红. 四平高校图书馆社会化服务的解读 [J]. 科学中国人，2016(35): 201.

[88] 安军，晏自勉. 地方高校图书馆社会化服务的路径探析 [J]. 新西部 (下旬·理论)，2018(11): 110–111.

[89] 王宇佳. 推进高校图书馆社会化服务的策略研究 [J]. 科教导刊 (电子版)，2018(17): 63.

[90] 冯运涛. 高校图书馆社会化服务进程中的问题与对策 [J]. 报刊荟萃，2018(7): 95.

[91] 冯运涛. 新环境下高校图书馆的社会化服务构建 [J]. 时代农机，2018(8): 176.

[92] 王志洋. 高校图书馆社会化服务模式的思考与实践 [J]. 大陆桥视野，2018(4): 306.

[93] 魏秋慧. 高校图书馆社会化服务模式探索 [J]. 现代交际，2016(23): 134–135.

[94] 宗影. 高校图书馆社会化服务模式探索 [J]. 产业与科技论坛，2016(6): 216–217.

[95] 赖永忠. 高校图书馆社会化服务研究 [J]. 贵州师范大学学报 (社会科学版)，2016(4): 139–144.

[96] 李瑞欢. 高校图书馆社会化服务探析 [J]. 科学中国人，2016(12): 111–112.

[97] 李帅. 地方高校图书馆社会化服务模式构想 [J]. 记者观察 (下)，2018(8): 70.

[98] 郭燕. 高校图书馆社会化服务运行机制分析 [J]. 图书情报道刊，2018, 3(5): 11–15.

[99] 王俊海. 高校图书馆社会化服务模式的创建研究 [J]. 吕梁教育学院学报，2018, 35(1): 78–79.

[100] 孙春方，宋丽果. 基于互联网视角的高校图书馆社会化服务探究 [J]. 市场周刊 (理论版)，2018(17): 145.

[101] 邓成越. 高校图书馆社会化服务中用户信用体系研究 [J]. 图书情报工作，2018, 62(23): 59–64.

[102] 唐玲. 应用型高校图书馆社会化服务策略研究 [J]. 黄河科技大学学报，2018, 20(6): 124–128.

[103] 安军，晏自勉. 地方高校图书馆社会化服务的路径探析 [J]. 新西部，2018(33): 110–111.

[104] 丁克，罗圣梅. 探析高校图书馆社会化服务的困境 [J]. 金田，2016(6): 473.

[105] 丁丽鸽. 高校图书馆社会服务的理论基础及体系结构研究 [J]. 图书馆，2016(4): 47–49.

[106] 何跃. 组织行为学 [M]. 重庆：重庆大学出版社，2012.

[107] 吴仲平，周公旦. 公共产品理论视角下公共图书馆社会合作路径选择 [J]. 图书馆，2010(10): 20.

[108] [美] 克鲁格曼. 克鲁格曼经济学原理 [M]. 黄卫平，译. 北京：中国人民大学出版社，2012.

[109] 陈其林，韩晓婷.准公共产品的性质：定义、分类依据及其类别 [J]. 经济学家，2010(7): 13–21.

[110] 刘太刚.公共物品理论的反思——兼论需求溢出理论下的民生政策思路 [J]. 中国行政管理，2011(9): 22–27.

[111] 叶响裙.公共服务多元主体供给：理论与实践 [M]. 北京：社会科学文献出版社，2014.

[112] 张莹瑞，佐斌.社会认同理论及其发展 [J]. 心理科学进展，2006(3): 475–480.

[113] 孙文坛.国内社会认同理论研究述评 [J]. 学理论，2012(7): 99–101.

[114] 蒋永福.文化权利：中国图书馆行业的核心价值 [J]. 图书馆论坛，2007(6): 70–73.

[115] 范并思.图书馆资源公平利用 [M]. 北京：国家图书馆出版社，2011.

[116] 黄波，吴乐珍，古小华.非营利组织管理 [M]. 北京：中国经济出版社，2008: 2.

[117] 邓国胜.非营利组织评估 [M]. 北京：社会科学文献出版社，2001.

[118] 孙秀菊，牛宝印.我国高校图书馆社会服务发展历程回顾 [J]. 图书馆理论与实践，2018(9): 60–62.

[119] 于维娟，沙淑欣.建国 60 年高校图书馆发展历程回顾 [J]. 新世纪图书馆，2010(5): 46–48.

[120] 杨文建.高校图书馆社会开放服务现状与策略研究——以重庆地区高校为例 [J]. 现代情报，2016(1): 107–113.

[121] 吴瑾，刘偲偲.高校图书馆向社会开放须处理好几大关系 [J]. 图书情报工作，2013(14): 18–21.

[122] 沈光亮.服务购买：高校图书馆参与公共文化服务新模式 [J]. 情报资料工作，2011(3): 78–82.

[123] 沈颖.高校图书馆社会化服务创新探究 [J]. 河南图书馆学刊，2009(5): 10–12.